HASTA LAS MAMÁS MERECEN DESCANSO

HASTA LAS MAMÁS MERECEN DESCANSO

Se vale ser un poco egoísta, de hecho te hace mejor mamá

Susan Callahan
Anne Nolen
Katrin Schumann

Traducción de Aída Espinosa

Título original: *Mothers Need Time-Outs, Too. It's Good to Be a Little Selfish–It Actually Makes You a Better Mother.*
De la edición original: Copyright © 2008 de McGraw-Hill Companies, Inc.

De esta edición:
D. R. © Santillana Ediciones Generales, S.A. de C.V., 2008.
Av. Universidad 767, Col. del Valle.
México, 03100, D.F. Teléfono (52 55) 54 20 75 30
www.editorialaguilar.com

Argentina
Av. Leandro N. Alem 720.
C1001AAP, Buenos Aires.
Tel. (54 114) 119 50 00
Fax (54 114) 912 74 40

Bolivia
Av. Arce 2333.
La Paz.
Tel. (591 2) 44 11 22
Fax (591 2) 44 22 08

Colombia
Calle 80, 10-23.
Bogotá.
Tel. (57 1) 635 12 00
Fax (57 1) 236 93 82

Costa Rica
La Uruca,
Edificio de Aviación Civil, 200 m
al Oeste
San José de Costa Rica.
Tel. (506) 220 42 42 y 220 47 70
Fax (506) 220 13 20

Chile
Dr. Aníbal Ariztía 1444.
Providencia.
Santiago de Chile.
Telf (56 2) 384 30 00
Fax (56 2) 384 30 60

Ecuador
Av. Eloy Alfaro N33-347 y Av. 6 de
Diciembre.
Quito.
Tel. (593 2) 244 66 56 y 244 21 54
Fax (593 2) 244 87 91

El Salvador
Siemens 51.
Zona Industrial Santa Elena.
Antiguo Cuscatlan - La Libertad.
Tel. (503) 2 505 89 y 2 289 89 20
Fax (503) 2 278 60 66
España

Torrelaguna 60.
28043 Madrid.
Tel. (34 91) 744 90 60
Fax (34 91) 744 92 24

Estados Unidos
2105 NW 86th Avenue.
Doral, FL 33122.
Tel. (1 305) 591 95 22 y 591 22 32
Fax (1 305) 591 91 45

Guatemala
7ª avenida 11-11.
Zona nº 9.
Guatemala CA.
Tel. (502) 24 29 43 00
Fax (502) 24 29 43 43

Honduras
Boulevard Juan Pablo, casa 1626.
Colonia Tepeyac.
Tegucigalpa.
Tel. (504) 239 98 84

México
Av. Universidad, 767.
Colonia del Valle.
03100, México D.F.
Tel. (52 5) 554 20 75 30
Fax (52 5) 556 01 10 67

Panamá
Av. Juan Pablo II, 15.
Apartado Postal 863199,
zona 7.
Urbanización Industrial La Loce-
ría. Ciudad de Panamá
Tel. (507) 260 09 45

Paraguay
Av. Venezuela 276.
Entre Mariscal López y España.
Asunción.
Tel. y fax (595 21) 213 294 y 214
983

Perú
Av. San Felipe 731.

Jesús María.
Lima.
Tel. (51 1) 218 10 14
Fax. (51 1) 463 39 86

Puerto Rico
Av. Rooselvelt 1506.
Guaynabo 00968.
Puerto Rico.
Tel. (1 787) 781 98 00
Fax (1 787) 782 61 49

República Dominicana
Juan Sánchez Ramírez 9.
Gazcue.
Santo Domingo RD.
Tel. (1809) 682 13 82 y 221 08 70
Fax (1809) 689 10 22

Uruguay
Constitución 1889.
11800.
Montevideo.
Tel. (598 2) 402 73 42 y 402 72 71
Fax (598 2) 401 51 86

Venezuela
Av. Rómulo Gallegos.
Edificio Zulia, 1º.
Sector Monte Cristo.
Boleita Norte.
Caracas.
Tel. (58 212) 235 30 33
Fax (58 212) 239 10 51

Primera edición: octubre 2008
ISBN: 978-970-58-0440-3
Adaptación de cubierta e interiores: Susana Meléndez de la Cruz
Traducción: Aída Espinosa

Impreso en México.

A mi amor, Topher, y a mis cuatro gracias admirables:

Charlie, Cole, Hugh y Carl, que me enseñaron la

belleza de la vida día tras día.

S.C.C.

A Bruce, mi alma gemela; a mis tres hijos, alegrías adoradas:

Meg, Carly, y Jay; a mi increíble madre, Mimi;

y a todos mis amados amigos y familia.

Gracias a ustedes tengo una vida completa.

A.K.N.

A Kevin, Peter, Greta y Svenja:

su amor y su apoyo sustentan mi vida.

K.S.S.

ÍNDICE

RECONOCIMIENTOS

Este libro no existiría sin la cooperación de las mujeres de todo el mundo que compartieron con nosotras sus historias personales; no tenemos cómo agradecerles. Su sabiduría innata y su deseo de abrir su corazón nos enseñó muchísimo. Gracias a nuestra agente y abogada perfecta, Stephanie Kip Rostan, por su visión clara, su motivación y su enfoque; y a nuestra editora, Judith McCarthy, por su energía y entusiasmo ilimitados vertidos en este proyecto. Les agradecemos mucho haber sido receptivas y visionarias.

Muchas gracias a todo el equipo de McGraw Hill, en especial a Nancy Hall, editora del proyecto, y a Kenya Henderson, nuestra publicista. Gracias a quienes regaron la semilla y la ayudaron a florecer: a Marnie Cochran, que desde el principio creyó en nuestro potencial y nos dejó siempre la puerta abierta; a Betsy Cole, cuya experiencia como asesora de vida nos ayudó a cavar más profundo y nos hizo empujar con mayor fuerza; a Betsy Rosen, cuyas ideas e intelecto fueron vitales para iniciar este proyecto; y a Jim Spencer, nuestro gurú web de tiempo completo que nos guió a través del laberinto del mercadeo en línea. Gracias también a las cinco fabulosas lectoras del manuscrito, cuya retroalimentación nos ayudó infinitamente: Diana Barrett, Elizabeth H. Cole, Dixie Coskie Freemont-Smith, Kristi Perry y Ann Groccia. Mil gracias también a todos los que generosamente nos dieron su apoyo y su consejo: Alison Bailes, Tim Caroll, Mary Kaye Chryssicas, Meaghan Dowling, Carol Dunne, Dr. Richard Dupee, Jennifer Jordan, Kate Kellogg, Pam Knox, George Kostakos, Janet Lisle, Carol Mann, Liz Pryor, Jennifer Putnam, David Sabel, Linda y Peter Scull, Abby Seixas, Michelle Slatalla, Anne Wells y Philip van Munching.

Susan: Gracias a todas las madres de mi vida que me han enseñado la alegría que implica educar a nuestros hijos. Mi corazón se llena de agradecimiento por haber compartido con todas ustedes este camino maravilloso. Gracias a mis padres y a mi hermana que siempre me han ayudado a anclar mis pensamientos y mis sueños. A Virginia Auciello y Jen Abbot, que me escucharon con paciencia y cuya sabiduría no tiene límites. A Kika, mi gracia salvadora, por ayudarme de todas las formas imaginables para que pudiera estar con los niños. Y un agradecimiento enorme a Topher, mi esposo, por todas y cada una de las veces que llevó a los niños a pasear en bicicleta para que yo pudiera trabajar en este libro y por haber permitido siempre que me llenara de este proyecto, año tras año. Es inmensa mi gratitud por tu apoyo, tu espíritu amable, tu amor al aprendizaje y tu sentido del humor.

Anne: A las incontables personas que recorrieron conmigo los caminos de este libro. Sin su sabiduría y consejo, esta obra no hubiera sido posible. Todos ustedes se verán reflejados en estas páginas, que son la culminación de sus ideas. Durante las horas interminables en que exploramos juntos las rutas de la maternidad hemos celebrado lo bueno y también hemos procesado lo confuso. Ahora nos encontramos rodeados de algunos hijos divertidos. Espero que este libro sea una herramienta para nuestros hijos, cuando a ellos les toque educar a los suyos; que les muestre una fotografía de lo que nosotros pensábamos en esta etapa de la aventura de ser mamá. Ésa será mi recompensa para ustedes.

Katrin: Gracias a Occu Schumann, la madre leona, que me enseñó que el amor profundo es tierno y feroz. También a Sheila O'Marah, que durante 20 años ha sido mi segunda madre. A Kevin, de gran corazón, apasionado y un poquito loco, porque hace que todo sea posible. A Peter, a Greta y a Svenja, que le dan alegría interminable a una vida con demasiada ropa que lavar. Gracias por ser tan pacientes, tan divertidos y tan dulces; me siento muy orgullosa de ustedes. Siempre le estaré agradecida a Kathleen Buckstaff quien, con su infinito talento, es mi piedra de toque; y a Catherin Maynier, la hermana que nunca tuve. Gracias a Francesca y a Mark Nelson-Smith, generosos e inspiradores, y a mis queridos amigos y vecinos que son padres excelentes y maravillosos, y de quienes siempre aprendo algo nuevo.

INTRODUCCIÓN

De nunca haber sido una madre suficientemente buena, a encontrar la felicidad haciendo lo mejor que puedas

La verdad es que no hemos resuelto todos los problemas y no podemos ofrecer una cura milagrosa. Pero mediante la combinación de 35 años de ser madres, con un total de 10 hijos, nosotras tres, las autoras, hemos descubierto que un poco de egoísmo (y tratar de evitar la culpa) nos ha ayudado a disfrutar muchísimo más el viaje de la maternidad. Y a nuestras familias les ha ido mejor así, ¡en una situación de ganar-ganar!

Lo primero que nos unió fue nuestra búsqueda de respuestas a la difícil pregunta de cómo ser madres maravillosas y llevar al mismo tiempo vidas plenas, tranquilas, satisfactorias e independientes de la maternidad. Hablamos sin parar. Leímos pilas de libros con recomendaciones de médicos, consejeros, terapeutas y celebridades. Pero nos hartamos de esas personas, que a pesar de tener las mejores intenciones, nos ofrecían consejos cuando muchas veces ni siquiera habían estado en las trincheras de la maternidad. ¿Dónde estaban las historias de mujeres de verdad, con verrugas y todo? Dimos con unas cuantas de ellas, todas por separado. Nos urgía escuchar soluciones de madres normales para tomar decisiones *propias* sobre cómo lograr una felicidad más genuina. Así que empezamos a hablar con otras mamás.

En los primeros años de nuestra amistad nos concentramos en pasar bien cada día. Pero al crecer nuestros hijos, en estatura e independencia, todo empezó a cambiar. Se fueron a la escuela y enfrentamos retos nuevos, con frecuencia mayores y menos claros: amenazas a la salud, problemas de conducta, horarios fuera de control y una sensación de vacío vaga pero muy tangible. A veces parecía que a nuestra vida le faltaban metas *personales* que fueran alcanzables y satisfactorias. Si llegábamos a tomar tiempo para leer, disfrutar un pasatiempo o hacernos cargo de nuestras necesidades, sentíamos toneladas de culpa. Así que seguimos hablando al respecto.

Comenzamos a hacer una revisión dura y prolongada de la vida en la que estábamos inmersas. Había enormes diferencias entre las tres, pero estábamos en el mismo tren bala, que pasaba a toda velocidad por esos días febriles. Considerábamos que nuestro papel de madres era el llamado más importante de la vida, pero por más esfuerzos que hiciéramos sentíamos que siempre nos quedábamos cortas. ¡Qué falta nos hacía un descanso de adultos, sólo para recuperar el aliento y rehacernos antes de volver a la carga!

Queda claro que al ir creciendo nuestros hijos, nosotras crecíamos también. Junto con las primeras canas nos llegó una perspectiva de vida a largo plazo que sacudió nuestros mundos. Cada una empezó a preguntarse: "¿Qué pasó con mi vida?, ¿qué pasó *conmigo* y con mis sueños? Si pensé que iba a ser tan buena en esto, entonces, ¿por qué me siento tan invisible e insatisfecha?" Las pláticas continuaron.

Susan se había dedicado de lleno durante 15 años a ser una mujer de negocios, antes de abandonar por completo el trabajo para criar a sus hijos. Anne es una persona muy activa y ocupada que trabaja e intenta cumplir con todo. Y Katrin es pintora y escritora, emprende el vuelo desde su escritorio y le irritan las reglas. Al crecer, nuestras experiencias cubrían todo el mapa: suburbios y ciudad, Estados Unidos y Europa, madre soltera y familia nuclear, y con madres que trabajaban tiempo completo, medio tiempo o atendían la casa. Ahí estábamos, tres mujeres diferentes, con tres enfoques distintos de la vida, las tres rascándonos la cabeza y con la misma pregunta: ¿estará bien seguir sacrificándonos por el bien de nuestra familia?

Consejos desde la trinchera

Empezamos a reunir historias desde la trinchera de la maternidad. Muy pronto lanzamos un blog y un boletín con noticias y comenzamos a manejar grupos de enfoque de todas partes y muy amplios en busca de las soluciones reales de las verdaderas expertas. Indagamos más y más hondo. Enviamos cuestionarios globales y pedimos votos. Hablamos con madres en bibliotecas, supermercados, escuelas, salones de belleza, desde Ohio hasta California y desde Maine hasta Montana. ¡Qué veta de madres hallamos! Descubrimos que otras madres habitantes de Estados Unidos, Europa y Australia sentían lo mismo que nosotras. Primero nos sorprendió que no hubiera diferencia entre la maestra de primaria en Arizona, la abogada en Texas o la pintora en Francia: toda madre se enfrentaba a la misma batalla. Todas queremos lo mejor para nuestra familia y nuestros hijos, pero con mucha frecuencia perdemos lo nuestro en el camino. Las madres que trabajan, las que se dedican al hogar, jóvenes y viejas, organizadas y desorganizadas, todas comparten la sensación de vivir sofocadas por su deseo de perfección. El simple hecho de hablar al respecto bastaba para que todas empezaran a sentirse mejor.

Por medio de las historias íntimas de estas mujeres descubrimos algo enorme: ¡hasta las madres merecen descanso! Tal vez se sientan agotadas y requieran sólo una pausa. Quizá las haga felices seguir adelante a todo vapor y merezcan una pausa. A veces están hartas de tanto esfuerzo y necesitan recargar las baterías para mantenerse sanas. En ocasiones necesitan presionar el botón de pausa para volver a encontrarse a sí mismas. La conclusión es: los descansos son buenos y un poquito de egoísmo no siempre está mal.

Madres egoístas (¡ah, qué bella ironía!). Tantos esfuerzos por no ser *egocéntricas* y de pronto proponemos ser *egoístas*. Pero lo que realmente nos impresionó fue la intensidad con que las madres se identificaban con nuestro mensaje. Nadie quería que le dijeran egoísta (ni que la señalaran en secreto), pero cada una de las madres entendió que al tomarse más descansos podrían llevar una vida más equilibrada.

En los últimos cinco años hemos platicado con más de 500 mujeres, hemos investigado en la red y en publicaciones los descubrimientos más recientes, asistido a conferencias, tomado cursos, encontrado estadísticas y palabras sabias. Nos hemos sumergido en las filosofías orientales, en estudios sobre la salud y en libros para padres. Hemos escuchado numerosas historias de madres como tú y seleccionado sólo lo mejor de estas fuentes.

Herramientas para el éxito

Cuando dejamos de cargar sobre nuestros hombros la constante sensación de incertidumbre y de competencia, las tres nos convencimos de que podíamos ayudar a que otras madres declararan la paz a sus decisiones y equilibraran el caos diario de la maternidad con un sentimiento gozoso y de reflexión. Nos apasiona nuestra próxima misión: compartir contigo esta información para que encuentres tu camino personal. Esperamos que esto cambie tu vida tanto como cambió la nuestra.

Nuestra experiencia hasta el momento nos muestra que a todas las madres, desde el tipo A al Z, creativas o lineales, estrictas o relajadas, con estabilidad financiera o en la lucha, les funciona el mismo enfoque: ser un poco *egoístas*, sin aumentar su *renuncia a sí mismas*, para lograr una forma de vida más exitosa.

Escribimos este libro para las madres que están en busca del sentido de su existencia, tengan o no pareja, y que al parecer no han encontrado el camino. Para nosotras, mujeres de negocios y madres que nos ponemos el traje sastre y vamos a trabajar dejando atrás el desorden de la casa, pero que en general carecemos de equilibrio con nosotras mismas. Para las que nos quedamos en casa, sintiendo que nos ahogamos lejos del contacto con lo que realmente queremos para nosotras y para nuestras familias, y que ya no nos reconocemos a nosotras mismas. Para las parejas del mismo sexo que enfrentan iguales batallas que las parejas convencionales, perdiéndose en lo agitado de la vida. Para los padres que han luchado por formar una familia y descubren que tener al hijo de sus sueños no resuelve todos sus problemas.

Con este libro estás a punto de iniciar un viaje de autodescubrimiento. Tu voluntad de abrirte al escrutinio, de cambiar hábitos, de pedir ayuda y de admitir e incluso *disfrutar* la imperfección contribuirá a que retomes el control de tu vida. Aprenderás a escuchar otra vez la voz de tus instintos y a dejar de sentirte culpable por no estar tan bien como deberías. Te tratarás con mayor compasión y serás más paciente con los que te rodean. Te aseguramos que así todos estarán mejor. Somos madres normales cuya vida está llena de obligaciones y de niños, de casa y trabajo, de amor y guerra; nos sentimos sumamente felices, y si no, no importa. Eso nos llena de valor.

Somos las primeras en admitir que ni somos celebridades ni tenemos doctorados, pero que nuestra lucha es la correcta, día con día, en el intento de dar con el equilibrio entre ser madres dedicadas y mujeres realizadas. A juicio de las madres con las que hemos conversado, provenientes de todos los terrenos de la vida, creemos haber descubierto una buena cantidad de soluciones inteligentes para *ayudarte* a lograr una mayor armonía en tu vida familiar. Muchas de estas soluciones se relacionan con desacelerar, dar un paso hacia atrás, ampliar las perspectivas y darte *descansos*, de manera que puedas llevar una vida más espontánea y con mayor confianza.

Cuando leas los problemas de algunas mujeres idénticas a ti y de otras que son el polo opuesto, tú decidirás qué ideas te funcionan mejor. No te diremos qué hacer; sólo te mostraremos lo que han hecho cientos de madres, para que elijas poner en práctica (o no) estas reflexiones en tu vida personal.

Nuestra meta es que te abras a una nueva forma de verte como mujer, amiga, amante y madre. Este viaje te llenará de fortaleza. Admitimos que a veces te resultará un poco difícil. Quizá te enfrente a algunas verdades desconcertantes sobre ti misma y tus relaciones. Pero haz a un lado los sentimientos de culpa, remordimiento o incapacidad; olvídate del teléfono y de lavar ropa. Lee sin culpa a la hora de la comida, o camino al trabajo o en la mesa de la cocina.

Cómo sacarle el mayor provecho a este libro

Aunque los tres capítulos iniciales presentan el argumento para asumir un enfoque alternativo de la maternidad, no es indispensable leer este libro en orden. Empieza y termina donde quieras, sitúate en cualquier página.

Crea un *Cuaderno de trabajo de la mujer*: busca un cuadernito sencillo en el supermercado o un diario empastado en piel. Ahí escribirás tus notas personales, sólo para tus ojos.

Emprende el viaje con amigos y seres queridos: los cómplices del crimen aumentan la diversión. Júntense y comenten sus ideas.

Lee nuestros puntos personales de cambio: la manera en que nosotras tres seguimos trabajando para sacarle el mayor provecho a lo que somos puede iluminar el modo en que aceptes tus propias debilidades y capitalices tus fortalezas.

Revisa muy bien al final de cada capítulo los *Consejos desde la trinchera*; no una ni dos veces, sino toda una semana con cada uno de los consejos que aparecen.

1

EL CAMBIO DE ACTITUD

Del intento de ser perfecta, a darte tus descansos personales

Cuántas veces has dicho: "¡Qué locura, la vida es una locura! ¿Cómo se volvió tan agobiante? ¿Por qué estoy tan ocupada?" De seguro oyes o dices esto por lo menos una vez al día, si no es que más. ¿Por qué esta queja se ha vuelto el *mantra* de las madres modernas? Porque nos consume el vértigo del cumplimiento: la necesidad sin fin de lograr, el impulso de ser siempre la mejor, la presión no sólo de cumplir, sino de *rebasar* las expectativas.

¿Quién impuso esa marca tan alta? Vivimos en una época en la que los hijos practican múltiples deportes en cada estación del año. El plan de estudios actual de kínder equivale al de primer año de primaria. Tardamos horas llenando formularios para que los niños puedan participar en actividades escolares (y se supone que tenemos en la memoria todo su historial médico). ¿Qué regalo especial le diste a los niños hace unos años? Ya lo sustituyó el nuevo equipo de alta definición que los padres y los abuelos esperan utilizar por turnos formados durante horas. Las madres tienen que verse diez años más jóvenes de lo que realmente son: en cada esquina hay un gimnasio y un nutriólogo. Las casas tienen una decoración impecable y se espera que siempre luzcan como una hermosa fotografía. Esta lista crece, crece y crece.

Se inician las conversaciones entre nosotras, las mamás: sabemos que es demasiado, pero no sabemos qué hacer. La corriente nos arrastra. Algunas decimos: "Si no puedes con el enemigo, únete a él". Pero no debe ser así.

> *El intento de ser perfecta puede ser inevitable para las personas inteligentes y ambiciosas a quienes les interesa el mundo y su buena opinión. Lo que resulta muy duro, y realmente divertido, es renunciar a ser perfecta y empezar a trabajar en ser tú misma.*
> **ANNA QUINDLEN, escritora.**

Es el mejor momento para dejar de lastimarte con tus defectos y empezar a entender el valor de tus esfuerzos. En vez de limitar tu vida al sufrimiento constante por las dudas sobre ti misma o las decepciones, puedes liberarte funcionando de acuerdo con tus propios estándares. Haz una pausa y tómate algunos descansos bien merecidos. Esperamos mostrarte, al compartir la historia de cientos de madres como tú, que con un poco de egoísmo puedes recuperar tu derecho a tomar decisiones sobre cómo manejar tu vida y la de tu familia.

¿Dijeron *egoísta*? En tanto que la mayoría de las mujeres con las que hablamos se avergonzaban de la palabra *egoísta* (porque aspiraban, más que nada, a *negarse a sí mismas*), todas y cada una coincidieron en que se sentían mejor y tenían un mejor desempeño en general al satisfacer sus necesidades personales. "Una vida de gran calidad empieza con una persona de gran calidad", opina el consejero de vida Cherryl Richardson en *Take Time for Your Life* (*Date tiempo para vivir*). "Significa que pongas tu cuidado personal por encima de todo lo demás... Concepto que representa un reto para la mayoría".

Sin duda toda madre tiene buenas intenciones. Pero si sacrificamos nuestras necesidades personales terminamos resentidas y agotadas. Aunque por principio parezca una locura, si las mujeres empezaran por poner más atención en sí mismas, en vez de intentar hacer todo por los demás, todos estarían mejor.

DEL PROBLEMA A LA SOLUCIÓN

Maureen, madre de dos, en Illinois

Una tarde Maureen salió corriendo del trabajo para tomar el tren más temprano y llegar a ver a su hijo de 12 años que jugaría un partido de *basketball*. Llegó tarde al partido, con la sorpresa de que su hijo había entrado en el primer cuarto y ya no volvería a jugar. Al borde de las lágrimas, se metió entre un tumulto al baño de niñas. "Me sentí como una gran perdedora", dijo Maureen, "como si nada me saliera bien". Su hijo fue quien arregló la situación: "Mamá, ven sólo a los juegos que sean en mi escuela, si puedes", le dijo. Ella sintió que se quitaba un gran peso de encima. Si su hijo ni siquiera esperaba que fuera, ¿por qué ella sí?

> *El gran descubrimiento de cualquier generación es que todo ser humano puede cambiar su vida cambiando sus actitudes mentales.*
> **ALBERT SCHWEITZER, científico.**

Sí, eso significa darse un tiempo de paz *todos los días*. Significa conocerse a una misma y determinar las prioridades. Algunas veces incluso significa poner nuestros deseos y nuestra persona *antes* que los de los niños. De cierta manera parece radical, pero es sencillo y, a fin de cuentas, benéfico para todos. Si algo aprendimos de las horas de conversación con otras mujeres a lo largo de todo el país, es lo siguiente: cuando las madres cobran valor para cuestionar su *status quo*, empiezan a vivir con mayor serenidad una vida más definida.

Te estamos sacudiendo de los hombros para decirte: ¡despierta! ¡tú vales! No se trata del *manicure*, ni de pasar horas en el *spa*, ni de sentarte en la tarde a ver telenovelas o de ignorar a los hijos para continuar con tu carrera o divertirte más. Tampoco es sobre si tienes tiempo o dinero. Se trata de que aceptes que tus esfuerzos, metas, esperanzas, deseos, temores y opiniones cuentan, y de que cuidando mejor de ti misma puedes cuidar mejor a los que amas. Sophia, madre de tres en Rhode Island, al principio no podía aceptar esta idea, pero a medida que avanzaba la conversación se iba iluminando su mirada: "Pierdo por *default* porque siempre considero que yo debo ir al último", dijo. "Pensaba que así debía de ser."

Enfrentarse a la realidad

Existe una magia que te puede ayudar a sentir un mayor equilibrio como madre. Recuerda cuáles son realmente las necesidades de tu familia partiendo de lo básico y te darás cuenta de que lo demás carece de importancia, es *opcional*. Este pequeño ajuste en tu actitud puede llevarte a realizar cambios tan fundamentales que el resultado general de cómo te sientas... (y en consecuencia de cómo vivas) será gigantesco. Te quitarás una carga de encima: vivir de acuerdo con estándares inalcanzables o insostenibles, que ni siquiera son tuyos.

En nuestros grupos de enfoque conocimos a muchísimas mujeres que sufrían en su intento de ser todo para todos. Con frecuencia sentían que su vida *debía* transcurrir de cierta manera, haciendo todo lo *correcto*. Este *deber ser era tan fuerte* que no les permitía tomar en cuenta sus deseos personales. Hannah es una madre sola que trabaja y vive en California con su hija pre adolescente, y comenta: "Como madre divorciada tengo que cumplir con tantos papeles. Todo el tiempo siento que debería hacer esto, que debería hacer lo otro. ¡Qué desgastante!"

SUSAN SE VE FORZADA A BAJAR EL RITMO

"Cuando tuve a mi primer hijo, Charlie, a veces me sentía abrumada, pero también escuchaba una voz interna diciéndome que debía hacer todo y hacerlo bien: cumplir el horario de la siesta, salir a caminar con el bebé para que tomara aire fresco, ponerle un babero limpio en cada comida, poner millones de lavadoras con cargas pequeñas. Ya no podía más.

Al paso de unos meses, las cosas tomaron su ritmo y regresé al trabajo. Poco después llegó el segundo bebé, Cole. Aunque me sentía agotada por pasar las noches en vela, jamás me iba a acostar sin dejar recogida toda la casa. Con el nuevo bebé establecimos un nuevo horario e hicimos un plan, *tic-tac tic-tac*, y otra vez comencé a trabajar tiempo completo. Las cosas funcionaban, o así me parecía.

Luego sucedió lo inesperado. Mi cliente principal se encontraba en Europa. Yo estaba embarazada otra vez y contratamos a una empleada de planta. Compramos una casa. Acomodé mi horario de trabajo para llegar a tiempo a ver el programa de los títeres, ir al pediatra o a las juntas con mis clientes. Seguía funcionando con mis planes estratégicos hasta media noche, lavaba todos los platos y llenaba a tiempo todas las circulares de la escuela. Hasta que una voz dentro de mí empezó a gritar: 'No te detengas, sigue, haz más, más, más. A eso se dedican las mamás'.

Cerca de una semana después del nacimiento de nuestro tercer hijo, Hugh, la empleada se fue de pronto y Topher, mi esposo, se rompió el tobillo. El camión de la escuela dejó a los niños tres días seguidos, yo estaba retrasada en la entrega de las circulares de la escuela, no teníamos quién nos ayudara y había cajas vacías de la mudanza por toda la casa.

De pronto empecé a golpear la pared. Mi cuerpo me decía a gritos que no podía hacerlo todo. Estaba agotada, pero sin alternativa. Todos contaban conmigo. El bebé quería su leche, los otros niños necesitaban comida, ropa y llegar a tiempo a la escuela; hasta Topher dependía de mí.

Hice una pausa para reflexionar con detenimiento sobre el momento en que nos encontrábamos y me di cuenta de que en realidad esa situación de locura era un regalo. ¿Qué elementos fundamentales necesitábamos para sobrevivir? Comida, sueño y ropa. Así, decidí bajar mi marca de logros personales.

Sólo así pude salir de estos tiempos de locura. En ese momento entendí que no era necesario tener ni hacer todo y que, irónicamente, "teniendo todo" ni siquiera me sentía bien. Bajar el ritmo siempre me ha parecido difícil, pero aprendí que si la vida no transcurre de acuerdo con mi plan personal, a veces no queda otra alternativa que nadar con la corriente."

¿Qué tan perfeccionista eres?

Mantener los estándares altos se considera una conducta saludable, ¿verdad? Entonces, ¿por qué resulta tan opresivo el perfeccionismo? Hay innumerables estudios psicológicos que señalan la relación entre perfeccionismo y disfunción. "Una de las formas más perniciosas de estrés autogenerado emana del perfeccionismo", explica el Dr. Jon Allen en un artículo publicado en 2003 en la revista *Perspective*. Un ciclo continuo de lucha, fracaso y autocrítica crea estrés, y con ello nuestra sangre se llena de hormonas como cortisol y epinefrina. Se ha comprobado que ambas dañan el sistema inmunológico, haciendo a las personas más vulnerables a una serie de enfermedades, desde gripe hasta cáncer. Los perfeccionistas suelen querer y esperar que los demás sean perfectos también, con lo que perpetúan el ciclo y generan desacuerdos, malas relaciones y todavía más estrés. Pero el Dr. Allen, profesor de psiquiatría en el Baylor College of Medicine, agrega: "La buena noticia es que aunque el perfeccionismo sea una amenaza relativamente inherente a la personalidad, se puede moderar con el paso del tiempo".

> *El arte de ser sabio consiste en saber qué se pasa por alto.*
> **WILLIAM JAMES, filósofo.**

Míralo de este modo: si marcas tus estándares personales y te sientes feliz de cumplirlos, todo está bien. Pero si sientes que siempre estás fracasando, que la locura te persigue, que todo está fuera de tu alcance, quizá tus metas sean demasiado altas.

¿Notas algunas de estas tendencias en ti misma?

- Siempre que cometes un error, te lo reclamas con dureza. Dudas de tus decisiones.
- Te enojas cuando tus familiares te decepcionan dejando la casa tirada, portándose mal o cuando no hacen las cosas bien a la primera.
- Pedir ayuda parece un signo de debilidad y prefieres evitarlo.
- No te gusta pensar que alguien sea mejor que tú (en lo que sea). Sueles comparar tus calificaciones mentales con las de la casa, el matrimonio y los hijos de otras mujeres.
- Aunque no quieras, culpas a tu pareja, a tus hijos o amigos con mayor frecuencia de lo normal.
- Crees que lo que te piden otras personas no es razonable o es demasiado, pero no quieres decepcionarlos al no cumplir con sus expectativas.

▸ Te parece que otras madres tienen "éxito" sin tanto esfuerzo. Crees que cometen menos errores y viven con menos ansiedad.

▸ Cuando sucede algo impredecible (lo cual parece ser la historia de tu vida) te derrumbas totalmente.

▸ Sobre todo, tu vida diaria no cumple con tus expectativas y tienes una sensación constante de fracaso en tu papel más importante: el de madre.

Seguramente todas las madres han sentido algunas de estas emociones en algún momento y no les ha gustado experimentarlas. Cuando este tipo de conducta se vuelve crónico y empieza a hacerte infeliz, probablemente quiere decir que ya se está a convirtiendo en un problema: ¡y tal vez necesites darte un descanso y reflexionar!

DEL PROBLEMA A LA SOLUCIÓN

Carrie, madre de tres, en Massachusetts

A Carrie le encanta vivir en la ciudad y su familia, de cinco integrantes, habita una casa pequeña con pocos closets. Tiene que ser muy organizada con los juguetes, los libros, los trabajos de la escuela, la ropa y los utensilios domésticos. "Como sea, me gusta que todo esté arreglado, pero me volví odiosa en ese punto", explica. En vez de disfrutar el funcionamiento de la casa, se obsesionó y le desesperaba hasta el desorden más insignificante. Por último, se dio cuenta de que no le divertía nada ser una obsesiva de la limpieza. "Pensé que sería mejor encontrar la manera de tolerar cierto desorden, ¡para que los niños pudieran ser niños y todos nos relajáramos!"

La mayoría de nosotras ha comprado la fantasía de que podemos con todo si queremos: un trabajo fabuloso, un esposo atlético y romántico, hijos felices, un hogar bien organizado y vida social. Algunas salen adelante con aplomo y otras se rompen con la presión. Si tenemos gente que nos respalde en nuestro entorno (esposo, familia, amigos) es más sencillo cumplir con los diferentes roles. A los padres de hoy se les ha requerido mayor participación que antes y mayor disponibilidad en casa, tanto física como emocional, lo cual ayuda mucho. Pero incluso con su buena voluntad, todos están a punto de rebasar sus límites.

Además, ¿qué sucede con todas las presiones financieras que enfrenta una familia? Al parecer, cada día se vuelve más y más difícil cumplir con los objetivos económicos, en especial cuando las expectativas son altísimas. Nuestra sociedad tiene muy arraigada la idea de que el ganador jamás pierde. Camarón que se duerme se lo lleva la corriente. Si ganas eres el rey. Todos trabajan como locos para tratar de alcanzar sus metas, lo cual se suma a la noción de que tomarse un descanso para disfrutar el *proceso* de la vida es imposible. Y cuando llega la maternidad, casi ninguna de nosotras podemos ayudarnos a nosotras mismas: por el bien de nuestros hijos queremos ser ganadoras y naturalmente queremos que ellos lo sean también.

Nos sorprende la cantidad de madres que se ha quejado de la presión que implica tratar de ser perfecta, sintiéndose incapaz de salir de ese círculo sin fin. Pero existe la posibilidad de hacer una tregua: puedes empezar a cambiar tu actitud en *este instante*.

Tenemos que salir de este enredo

¿Cómo emprendemos la lucha para retomar el control en un mundo que nos exige demasiado? Muchas de las madres con las que hablamos dicen que intentan lograr el control por medio de la micro administración, con la esperanza de sentirse mejor: "Si por lo menos logro manejar esto y esto y esto, lo demás tomará su lugar". Pero recuerda lo siguiente:

▸ **Tratar de mantener el control a toda costa puede convertirte en una madre maniática.** ¿Te ha atormentado alguna vez, durante todo el día, la idea de haber dejado platos sucios en la cocina o zapatos tirados por el pasillo?

▸ **Eres consciente sólo en apariencia (es decir, tus hijos, tu casa, tú misma), y estás atrapada en la imagen que proyecta tu familia frente a otros.** Si los calcetines de tu hijo no combinan nadie se dará cuenta.

▸ **Pierdes el panorama del bosque por ver un árbol.** ¿Realmente tiene importancia cuántos tiros hizo tu hija en el partido de *basketball*, o lo que cuenta es que sobresalga entre sus compañeras cuando termine el partido?

Pero espera, te tenemos buenas noticias: el estrés que provoca el perfeccionismo es totalmente autoinducido, ¡y, por tanto, opcional! Subirle o bajarle a la cacofonía de voces e influencias del pasado y del presente nos ayudará a fijar nuestros propios estándares. Alice, de Connecticut, dice que se cansó tanto del constante estrés que le provocaba que su hija llegara a tiempo a la escuela, que simplemente decidió que ésa dejaría de ser una de sus prioridades. "Lilly tuvo 37 retardos este año, pero no puedo apresurarme ni puedo apresurarla", advertía Alice. "¡Nuestra vida es un trabajo continuo!"

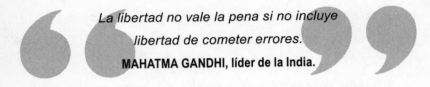

La libertad no vale la pena si no incluye libertad de cometer errores.
MAHATMA GANDHI, líder de la India.

Las madres de hoy pertenecen a la primera generación de mujeres que fue educada con la idea de que podían convertirse en líderes reconocidas en todas las áreas: industria, política, negocios. Según el Departamento de Estadística Laboral de Estados Unidos, entre 1975 y 2005 la participación en la fuerza de trabajo de las madres con hijos menores de 18 años, aumentó de 47 a 71 por ciento. Anna, de Ohio, madrastra de dos adolescentes y madre de un bebé, lo ve así: las mamás que se quedan en casa están desesperadas por probar que valen tanto como las mamás ejecutivas, en tanto que las ejecutivas quieren probar que están igual de pendientes que las que se quedan en casa. ¿Cómo le hacen los dos grupos para lograrlo? Manejando a sus familias como si fueran negocios: actividad incesante, estándares de éxito cada vez más altos, cero tiempo perdido y total intolerancia a los errores.

DEL PROBLEMA A LA SOLUCIÓN

Helen, madre de tres, en Virginia

Helen creció en un hogar en donde las sábanas estaban siempre planchadas, la ropa perfecta y donde el baño era diario. Al nacer sus hijos, enloqueció tratando de hacerlo todo de la misma manera en que lo hacía su mamá. Se enfrentó cotidianamente a batallas campales con su esposo y sus hijos, hasta que su propia madre la hizo reflexionar. "Se quejó de que yo fuera demasiado controladora", comenta Helen. "Me dijo que terminaría por lastimar a todos. Con eso me abrió los ojos". La realidad es que la vida de su madre no había sido tan perfecta como parecía, porque ella misma sentía que había sacrificado demasiado en su lucha por controlar. Hoy Helen se permite saltarse algunas rutinas de vez en cuando. Y funciona: vive con menos estrés y hay menos pleitos entre todos.

Independientemente de la manera exacta en que transcurran tus días, lo siguiente es irrefutable:

▸ Las mujeres ambiciosas quieren resultados, ya sea en casa o en la oficina.

▸ Es difícil saber si estás haciendo un buen papel como madre.

▸ Tus patrones de conducta femenina con frecuencia son obsoletos o ilusorios.

DEL PROBLEMA A LA SOLUCIÓN

Carolyn, madre de dos, en Arizona

Cuando su vecina se mudó, Carolyn, que era chef profesional, le organizó una comida. Se trataba de la despedida perfecta. Hizo compras hasta el cansancio. En la víspera se desveló imprimiendo fotos para las bolsitas de recuerdo. Se levantó temprano para ir por flores al mercado. "Me sentía algo abrumada, incluso antes de que llegaran los invitados", admitió. Se dio cuenta entonces de que el horno nunca había calentado a la temperatura correcta. El *soufflé* sería un fracaso y, ¡todavía no terminaba de hacer las bolsitas de recuerdo! Presa del pánico, terminó pidiendo una *pizza* y olvidándose de las bolsitas. "Como se imaginan, de verdad me sentí *más* relajada, porque me di por vencida", dijo.

Algunas de nuestras mamás fueron el prototipo de la "madre perfecta" y nosotras luchamos por cumplir con sus estándares, aun cuando nuestro estilo de vida es diferente por completo. O bien, si tuvimos una madre negligente, tomamos la decisión de superarla siendo la madre modelo que ella no fue.

Considera lo siguiente:

▸ Gozar del fruto de tu trabajo no significa que otros te deban dar palmadas en la espalda o te admiren. Basta con que *tú* te sientas bien con el esfuerzo que hiciste.

▸ ¿Tus hijos son felices? ¿Cuando se acuestan en la noche están cansados y bien alimentados? Desde tu interior, eso te indica que lo estás haciendo bien.

▸ Los papeles modelo son útiles como punto de referencia, pero definir tu estilo personal de maternidad es el mayor favor que puedes hacerte a ti misma.

Cuando las expectativas y la realidad no coinciden totalmente

En un mundo perfecto la maternidad sería más predecible. Hemos conversado vía internet y hablado en persona con muchísimas mujeres brillantes y enérgicas que emprendieron su camino como madres llenas de fervor y buena voluntad y que perdieron entusiasmo en el trayecto al no cumplir los estándares que se impusieron alcanzar.

Estos ideales de maternidad perfecta se enfatizan con frecuencia en fechas tradicionales, como cumpleaños, Navidad, Hanukkah*, día del amor, Pascua, fiestas patrias y Halloween. Antes los cumpleaños infantiles se festejaban de manera sencilla, ahora son todo un carnaval. El desarrollo de una gran industria enfocada a ese tipo de fiestas constituye un fenómeno absolutamente moderno. Y, ¿quién inventó la idea de que el festejado le dé un regalo a los que asisten a su fiesta?

Cuando te ves a ti mismo desde un punto de vista universal, algo en tu interior te recuerda o te informa que hay cosas mejores y más importantes por qué preocuparse.
ALBERT EINSTEIN, científico.

---

* Festival de las luces, fiesta anual judía.

Y con ustedes, la verdadera caja de Pandora: la comida en familia. Las madres y los expertos tienen mucho qué decir sobre el tema. Rita, de Texas, madre de tres niños, confiesa que las comidas en familia son su talón de Aquiles. "Sé que deberían ser más frecuentes, pero la verdad es que no puedo", dice. El presidente del Centro Nacional de Adiccciones y Abuso de Sustancias de la Universidad de Columbia, Joseph A. Califano Jr., aclara lo siguiente: "En investigaciones profundas y estudios sobre adolescentes se concluye siempre que los hijos que comen con sus padres con más frecuencia, tienen menos posibilidades de fumar, beber y consumir drogas ilegales". ¿Lo anterior significa que a Rita no le importa estar arriesgando potencialmente a sus hijos? Claro que no. Billie tiene *hockey* a las 6:00 pm. Taylor va a su entrenamiento a las 6:30 y Henry toma clase de piano a las 7:00 pm. ¿Rita está condenada al fracaso como madre?

El hecho es que aunque uno conozca el escenario ideal quizá no pueda instalarlo. ¿Qué se hace entonces? Primero, identificar el problema; enseguida, establecer una meta pequeña y alcanzable. Rita, por ejemplo, decidió no programar ninguna actividad el domingo por la noche y hoy todos consideran sagrada su *única* comida en familia.

En general, cuando tomas distancia para ver bien el panorama y le dedicas tiempo a esta clase de presiones, te das cuenta de que encierran una lección muy sencilla: si puedes fijar algunos compromisos, lograrás un mayor equilibrio. Las madres de nuestros grupos de enfoque han sugerido algunas maneras de ajustar el nivel personal de confort:

▶ **Elige tus prioridades.** Puedes reducir las actividades de tus hijos para tener tiempo libre para otras cosas o para no hacer nada.

▶ **Enfoca la razón real.** ¿Cuál es el verdadero sentido de una fiesta de cumpleaños o una comida en familia? Lo que se celebra es estar juntos y divertirse, no la demostración del esfuerzo que realizaste. Si se trata de una fiesta de niños, recuerda lo que a ellos les interesa: divertirse con sus amigos, no una decoración perfecta.

▶ **Sé realista.** Si no puedes prescindir de la Navidad espectacular en familia todos los años, prescinde de otros miembros de la familia. Si realizar la comida familiar durante los siete días de la semana es demasiado, intenta que entonces se lleve a cabo tres veces.

▶ **Sé más flexible.** Piensa en una forma diferente de unir o de celebrar que le funcione a tu familia. No tienes que hacer lo mismo que los demás.

> A veces lo único que necesitamos es hacer lo mejor que podamos y luego confiar en el desarrollo de las cosas que no podemos diseñar ni ordenar.
> **SHARON SALZBERG, maestra espiritual.**

DEL PROBLEMA A LA SOLUCIÓN

Michelle, madre de cuatro, en Colorado

La mañana en que uno de sus hijos entró a tercer año, le dieron a Michelle un panfleto grueso. Veinticinco páginas solicitando voluntarios: había club de ajedrez, de *softball*, teatro escolar, equipo de matemáticas, feria de ciencias y paseos en coche al campo. Se le vino el mundo encima. Aunque Michelle trabaja medio tiempo para poder participar precisamente en este tipo de actividades, se sintió de inmediato bajo un alud. ¿Le quedaría tiempo para *cualquier* tipo de actividad? "Me sentí muy mal porque mis hijos se darían cuenta de que otras mamás ayudan más que yo", dijo Michelle. "Pero entonces recuperé mi viejo dicho: 'Hacemos las cosas al estilo de *nuestra* familia'. Y se acabó el pánico".

De seguro tienes grandes expectativas de ti misma, pero, ¿qué pasa cuando hasta *los demás* tienen grandes expectativas de ti? Tal vez la escuela de tus hijos esté siempre en busca de voluntarios y, ya sea que estés en casa o trabajes, no puedes darle lugar a todo. Quizá tu esposo disfrute una cena bonita todas las noches o tener la ropa bien doblada y lista. ¿Tu jefe siempre te pide horas extra, sin recordar que tienes un mundo completo de responsabilidades en cuanto llegas a casa? Y, ¿los niños? Hasta ellos quieren algo: tu tiempo y atención.

Baja la marca, amiga,
¡no puedes saltar tan alto!

Es obvio que las mujeres tienen que trabajar muy duro para ser madres excelentes. Se trata de una responsabilidad gigantesca y vital. Pero a nadie le sirve que trabajemos como animales. Un estudio publicado en 1999 por la Universidad de Texas constata: "Se ha comprobado que, con niveles similares de talento, destreza o intelecto, los perfeccionistas obtienen resultados menos exitosos que los no perfeccionistas". ¡Ay! Entonces si lo que hacemos en realidad es *lastimar* a la familia y a nosotras mismas, insistiendo en que todo esté "bien" y "perfecto". ¡Hagamos un cambio!

Para lograr esta nueva actitud muchas veces se requiere un análisis de conciencia profundo. Hay que ceder en algo. Pero en la actualidad no puedes leer una revista *Buenhogar* o ver el programa de vida doméstica sin sentir que lo que haces es insuficiente: "¡Comidas listas en menos de diez minutos!" "Organización rápida: ¡Llene su hogar de energía!", o "Cómo educar el intelecto de su hijo". Cuando todos nos dicen que nos esforcemos, que hagamos más, que mejoremos, que construyamos y que crezcamos, es duro renunciar.

AL DIABLO CON LA CARTA NAVIDEÑA DE KATRIN

"Esta es una confesión: *Me gusta* recibir esas largas cartas navideñas una vez al año. Y como tengo mucha familia y amigos en el extranjero, he mandado tarjetas de Navidad año con año desde antes de que saliera de la universidad. No he fallado una sola vez, ni siquiera durante el año en el que estuve aislada en un rincón de África el mes de diciembre.

Cuando empecé a tener hijos, decidí realizar también mi carta anual. ¡Qué divertido era escribirla!: crecí en Inglaterra, donde la ironía se considera una expresión artística, e incluso lograba darme palmaditas en la espalda (claro, suaves) hablando de las cosas emocionantes que nos sucedían a mí y a mi familia.

Llegó el momento en que dejamos de mudarnos y entonces había menos asuntos emocionantes que contar. Varios amigos de mi esposo, Kevin, que estudiaron administración con él, empezaron a jubilarse, y mi vida ya no parecía ni un poquito glamorosa. ¡Ah!, y desde luego no podía presumir de un hijo virtuoso del piano o patinador olímpico, porque mis hijos eran en realidad niños *normales*.

¿Qué podría compartir de nuestra vida con todos esos amigos? Soy una persona compulsivamente honesta y por instinto quería mandar una alerta al universo: ¡Auxilio, la vida no es como yo pensaba!

Le dedicaba tiempo y esfuerzo a planear la carta. Por último, empecé escribiendo la lección más importante que había aprendido ese año: cada quien hace lo mejor que puede. Pasó el siguiente año. Mi vida enloqueció: tuve que enfrentar una gran mudanza de la costa oeste al este, un parto prematuro y un enorme vacío en mi vida creativa. Por lo que me di permiso de saltarme la carta anual ese año.

¿Y el próximo? Mmm, también me la podía saltar, ¿o no? Después de todo, el mundo no dejó de girar el año pasado.

Qué descanso sentí al decidir que ya no necesitaba mandar esas cartas. Si no tengo tiempo, ganas, ni algo importante que decir, ¡al diablo! Qué gloria el poderme liberar de la tiranía de aprobar la inspección de todos los años."

No hemos conocido a ninguna madre que no luche por ser mejor. Todas las mujeres que entrevistamos sienten que podrían encontrar formas de mejorar sus capacidades como madres. Pero hay algunas diferencias importantes entre el *perfeccionismo,* sin duda destructivo, y la *lucha,* que es normal y constructiva. La lucha es saludable cuando:

▸ Te pones metas basadas en tus propios estándares, olvidándote de las expectativas de los demás.

▸ Te pones metas que van un paso más allá de lo que has logrado y que valen la pena, pero son alcanzables.

▸ Experimentas placer en el *proceso* de manejar tu vida, y entiendes que no todo tiene que ver con el resultado final.

▸ Cuando hay un fracaso o un retroceso, la crítica propia o de los demás no hace que disminuya tu autoestima.

> *El éxito es la habilidad de pasar de un fracaso a otro sin perder el entusiasmo.*
> **SIR WINSTON CHURCHILL, ex primer ministro de Inglaterra.**

DEL PROBLEMA A LA SOLUCIÓN

Nicole, madre de tres, en California

Nicole nunca había trabajado fuera de casa y le encanta concentrar su energía en la familia. Entre sus vecinas hay muchas mujeres con una profesión, que después decidieron trabajar medio tiempo o quedarse en casa. Llenan cualquier tiempo libre con actividades, mientras Nicole prefiere su sencillez. "Me la pasaba todo el tiempo fijándome en las otras mamás, preocupada por estarme perdiendo de algo", decía. Después empezó a observar algo importante: al ir creciendo, sus hijos se volvían mucho más independientes y automotivados. "Entonces me di cuenta de que lo único que podía ser era: *ser yo misma* y que eso estaba bien."

EL JARDÍN ESPECIAL DE ANNE

"Mi vecina tiene unos jardines preciosos que siempre he admirado. Durante años he observado que nuestro pequeño matorral que está junto al *garage* crece cada vez con menos control. Siempre tuve las mejores intenciones de hacer lo propio, pero me parecía muy arriesgado lanzarme. Tenía también que preocuparme por el resto del patio y, créanme, ¡no tiene nada de bonito!

Un sábado a comienzos de la primavera me armé de valor y empecé a escarbar. Decidí que cualquier cosa era mejor que un montón de hierbas. Sin darme cuenta, mis hijos se unieron. Le comuniqué a Bruce, mi esposo, que a él le tocaría encargarse del resto del patio, y que lo otro sería *mi bebé*.

Con la ayuda de los niños durante todo el día, procuramos echar muchas bolsas de tierra y sembrar plantas perennes y de temporada. Fue físicamente agotador pero muy satisfactorio. Al terminar el fin de semana el lugar se veía limpio y arreglado con tan sólo unas cuantas flores. En los ratos libres del resto de la semana plantamos un poco más. ¡Ya teníamos nuestro primer jardín! El tiempo pasó lento y empecé a darme cuenta de que algunos de *mis bebés* no estaban muy bien. Hice intentos desesperados por revivirlos y no lo logré. A finales del verano el jardín se veía bastante triste, pero a los niños les parecía precioso. Hablaban todo el tiempo de lo grandes que estaban las flores y de cuánto les gustaban las azules o las rosas. "¡Mira, mamá, nuestro jardín!", decía mi hija al salir del *garage*. Nuestro jardín especial fue lo mejor que pudimos hacer y nos encantaba.

En este proceso me di cuenta de que realmente no es necesario tener un jardín perfecto, sino de poder disfrutar el tener las manos sucias y el sentirme unida a mis hijos. Durante el año he tratado de expandir esta experiencia a otras áreas de nuestra vida: no siempre será como lo hacen nuestros vecinos, pero a nosotros nos funciona."

Cambio de actitud

Si tratar de ser la madre perfecta representa un fracaso personal, ¿qué hacemos para evitarlo? Todo tiene que ver con nuestro punto de vista. Para cambiar nuestros hábitos mentales inherentes se necesita mucho valor. Es incómodo sentir que nuestros estándares están por debajo de los de otras personas. Tal vez te inquiete admitir ante ti misma que estás buscando atajos conscientemente. Es muy probable que tu vieja enemiga, la culpa, toque a la puerta cuando te tiras en la sala en lugar de ponerte a lavar los platos.

Las *intenciones* suelen tener poco valor en nuestra cultura moderna que nos obliga a hacer de todo. El hecho de no obtener resultados perfectos o un éxito moderado no significa que el esfuerzo no haya valido la pena. Un esfuerzo tras otro tal vez conduzca al éxito, tal vez no. En realidad, así es la vida. Aprendiendo a soltar las cosas podemos atenuar la presión que imponemos sobre nosotras mismas, pero también podemos trabajar para *disfrutar* del desorden y de lo impredecible de la vida real. Parece imposible, y de hecho lo es para algunas de nosotras. Pero de todas las mujeres con las que hemos hablado, las que parecen estar más conformes con su vida son las que encontraron una auténtica alegría enmedio del caos.

> *Lo flexible y amoroso tenderá a crecer, lo rígido y lleno de bloqueos se marchitará hasta morir.*
> **LAO-TZU, filósofo chino.**

Las madres dicen que es importante:

▸ **Aceptar la imperfección, tal vez incluso aprender de ella.** A Joelle, madre de un hijo en Nueva York, le encanta ir a la casa desordenada de su amiga. Le hace recordar que no todos viven con los mismos estándares.

▸ **Compartir responsabilidad y dejar de lado la necesidad de tener siempre el control.** Cuando veas que tu hija o hijo de nueve años dobla la ropa, dile que valoras mucho su esfuerzo.

▸ **Abrir tu mente a diferentes maneras de hacer las cosas.** Elizabeth, que creció en Alemania y vive hoy en Francia con su familia de cinco, se dio cuenta de las grandes diferencias, incluso en culturas tan cercanas, cuando se trata de estándares entre las madres. "No existe una sola manera de hacerlo bien. Y sirve mucho saberlo", remarca.

Tal vez de niña te encantaba empaparte bajo la lluvia o tener las manos cubiertas de pintura. Quizá te tirabas en la cama con una amiga a reírte de tonterías, disfrutando ese momento de tu vida, sin importar si tu cuarto estaba arreglado o no. Estabas contenta con sentirte amada y tener curiosidad por el mundo. Si de adulto logras encontrar esta felicidad, a pesar de los problemas externos de la vida, posees un tesoro.

> *Perfeccionismo es abusar de uno mismo en grado superlativo.*
> **ANNE WILSON SCHAEF, escritora.**

CONSEJOS DESDE LA TRINCHERA

▸ **Obsérvate con cuidado.** Durante una semana escribe cada mañana una lista de tus expectativas del día en tu *Libro de trabajo de la mujer*. Al final del día, siéntate unos minutos y revisa tu lista. ¿Lograste lo que te propusiste? Si no fue así, ¿por qué? ¿Tu objetivo era imposible? ¿El resultado estaba fuera de tu control? ¿Es posible que de haber expresado tu meta con palabras diferentes tu esfuerzo no se hubiera visto como fracaso? Haz una lista de todo lo que *sí* hiciste. Tal vez merezcas mucho más reconocimiento del que te diste.

▸ **Suspende la prisa.** Piensa en cosas que te hagan sentir de maravilla: actividades, imágenes, palabras o recuerdos. Busca fotos viejas y escribe algo. ¿Cuántas de esas cosas dependen de la perfección? Seguro que muchos de tus momentos favoritos son instantáneas de una vida normal en la que no todo funciona siempre de acuerdo con un plan.

▸ **Prueba aflojar las riendas.** Si no puedes salir de casa sin tender las camas, deja de hacerlo una semana. Si eso te altera demasiado, experimenta eliminando de la lista cualquier otra tarea opcional. ¿Los niños tienen que ponerse ropa limpia *todos los días*? Déjales el mismo pantalón, con ropa interior y camisa limpias. ¿Te sientes mal si no se bañan todos los días? Adopta la regla de tres o cuatro veces por semana. Esto servirá para que sueltes un poco las riendas.

▸ **Cuida tu discurso interior.** Cuando tu mente empiece a decirte cosas como: "No-o, eso estuvo mal. Eché todo a perder". "¿Por qué soy la única mamá que no termina de lavar la ropa *y* meter a los niños a la cama?" Di en voz alta: "¡Basta, m*erezco* dejar de criticarme!" Convierte tu diálogo interior negativo en positivo.

▸ **Juega a "¿Qué pasaría si...?"** Busca algunas amigas de confianza en tu comunidad, vecindario o trabajo. Tal vez pertenezcas a un club de lectura al que puedas llevar este libro. Quizá estés en un grupo perteneciente a la iglesia de tu comunidad abierto a comentar problemas personales. Piensa primero en tu idea de insistir en lo que debes hacer *exactamente de un modo* y luego juega a "¿Qué pasaría si...?", por ejemplo: ¿Qué pasaría si dejo de revisar la tarea de mi hija?

¿Qué pasaría si no bajo cinco kilos para Navidad (o para el verano)? ¿Qué pasaría si falto a la junta del recital de música de mi hijo?

▸ **Encuentra nuevas prioridades.** Hay cosas que tenemos que hacer, cosas que queremos hacer y cosas que pensamos que tenemos que hacer. Aprender a distinguir entre ellas te libera. Toma una hoja de papel. Decide si quieres cubrir una semana o un mes. Haz tres columnas en las que separes tus metas: "Debo hacer", "Quiero hacer", "Debería hacer". Al final de la semana o del mes, determina si te sientes satisfecha o angustiada. ¿Pusiste algo en la columna equivocada? ¿Le diste demasiada atención a los "debo hacer"? Toma una pluma negra *y tacha algo de la lista.*

▸ **Delega y aprecia.** Los quehaceres de la casa deben hacerse. Si tú sola haces demasiado trabajo pregúntate por qué. ¿Será que piensas que lo haces mejor, más rápido y más de acuerdo con tus especificaciones que los demás? Aprende a soltar. Cuando los niños vacían la lavadora de trastes o doblan la ropa, está bien que hagan el trabajo a su manera. Si tu esposo prepara la cena, deja que sea el jefe. Y recuerda reconocer y apreciar la ayuda que te están dando.

▸ **Di no más seguido.** Para algunas de nosotras es muy difícil decir no. No nos gusta decir *no* a nuestros hijos, amigos o jefes. A la única persona a quien le decimos *no* fácilmente es a nosotras mismas. La próxima vez que tu hígado te diga que no quieres hacer algo —participar en una actividad, meter a tu hijo a un equipo nuevo, hacer una cena, lo que sea—, ¡sólo di que *no*! Practica una disculpa si así te sientes bien o, mejor todavía, di: "¡perdóname, esta vez no puedo", o "déjame pensarlo". Pero sé firme.

▸ **Da un paso a la vez.** Tal vez tengas ciertos estándares que no puedes bajar; por ejemplo, las comidas en familia que tanto te interesan y te das cuenta de que no es suficiente tenerlas tres veces por semana, en una mesa preciosa y con comida casera. Quizá estés muy tensa mientras cocinas y al sentarte a la mesa te sientas irritada porque nadie valora el momento. Intenta bajar un grado tu prioridad más importante. Siéntate con tu familia a la mesa de vez en cuando con comida comprada y con servilletas y platos bonitos.

▸ **Analiza tu pasado.** Piensa en tu mejor recuerdo de la infancia. ¿Es cuando ganaste un premio en el trabajo de ciencias (que tus papás te ayudaron a corregir)? Tal vez no. ¿Será que vivías en una casa limpia y perfectamente decorada? Lo más probable es que tus recuerdos más preciados de niña no tengan nada que ver con el esfuerzo que tu mamá invirtió en su papel de madre. De seguro tus mejores imágenes son sencillas: acurrucada con tu mamá, jugando horas y horas con cajas de cartón, ver a tus papás reírse. Sonríes con sólo pensar en estas imágenes.

¡PUSE EN PRÁCTICA LOS CONSEJOS!

Sally, madre de cuatro, en Massachusetts

"Como se imaginan, siempre voy detrás del octavo bateador, por lo que decidí poner en práctica la sugerencia de prioridades nuevas, con columnas y todo. Descubrí que en mi lista había cosas fuera de la realidad, como el regalo de cumpleaños que se me olvidó comprar hace un año, así que las taché de una vez por todas. Incluí también en el calendario algunas de mis prioridades, como renovar mi licencia y cambiar los limpiadores del coche. Lo mejor de todo es que logré transferirle a la familia algunas de las cosas por hacer. ¡De modo que estoy aprendiendo a ser más libre!"

2

EL PODER DE LA CONCIENCIA DE UNO MISMO

De perderte en la maternidad, a entender quién eres actualmente

En uno de nuestros primeros grupos de enfoque formamos un gran círculo sentándonos en el suelo. Doce mamás, algunas que se conocían y otras que no, compartieron sus historias. Se trataba de un tema muy amplio, enorme, que cubría todo: "Perderte en la maternidad".

La sesión terminó, pero las mujeres no dejaban de hablar.

Se hizo más y más tarde.

Y seguían.

> Felicidad es cuando lo que piensas, lo que dices y lo que haces está en armonía.
>
> **MAHATMA GANDHI, líder de la India.**

Una historia tras otra, en la que cada una manifestaba verdades mayores y más duras. No había forma de parar. Estas mujeres tenían tanto que decir y tanto que preguntarse entre ellas que el panorama era como una explosión.

Las aguas rugían a nuestro alrededor y decidimos disfrutarlo, tomando notas todo el tiempo. Al hablar de la autoconciencia (en un ambiente cómodo, rodeadas de mujeres atrincheradas en la maternidad) tocamos todos los temas del libro.

La mujer invisible

¿Te ha sucedido que:…

- …con la prisa de salir de casa a tiempo en la mañana con los niños, llegas al trabajo y te das cuenta de que te pusiste los calzones al revés?
- …al llegar a casa con comida comprada, te das cuenta de que trajiste *hot dogs*, *pizza* congelada y bolsas de botanas, pero no compraste nada para ti?
- … cuando sales de vacaciones llevas cantidad de guías, libros y discos para los niños, pero ninguna novela que pudieras disfrutar, porque de todas maneras no tiene caso?
- … te quedas muda en una cena, incapaz de pensar ni siquiera en un tema de conversación con tu vecino fascinante, viajero y sin hijos?
- … escuchas a tus "amigas" en la fila de la ronda o en la parada del camión hablando de sus hijos geniales y sufres en silencio preguntándote qué hiciste mal?

▶ ... aceptas algo frente a tus hijos con lo que estás en total desacuerdo por sentirte demasiado cansada o abrumada para mantenerte en pie, aunque *tú* seas la adulta y *ellos* los niños?

> *Esto de aprender a ser mujer es un trabajo para toda la vida.*
> **MAY SARTON, poeta.**

Cuando tuviste a tu primer hijo tal vez pensaste (como nosotras) que podías hacer y tener todo, para luego descubrir que en algún punto del camino te habías perdido de vista a ti misma. Quizá ahora que tanto tú como tus hijos son mayores te preguntas dónde quedó tu energía, tu optimismo y tu sentido de control. Casi todas las madres de ese primer grupo de enfoque, y en sesiones posteriores, admitieron lo presionadas y abrumadas que se sentían aún mucho después de que sus hijos dejaran los pañales. Estas mujeres pensaban o esperaban que pasara la sensación de haber suspendido su propia vida. Pero no sucedió.

¡Nos metimos a este trabajo para toda la vida!, por lo que debemos estar seguras no sólo de hacerlo bien, sino también de disfrutarlo.

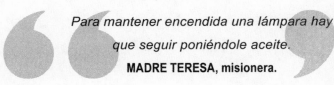

> *Para mantener encendida una lámpara hay que seguir poniéndole aceite.*
> **MADRE TERESA, misionera.**

En lo más profundo de su corazón, las madres saben que sus necesidades son importantes, pero se condicionan tanto a ser cuidadoras que se olvidan de tratarse a *sí mismas* con respeto y compasión. La doctora Helene G. Brenner, autora de *I Know I'm in There Somewhere*, dice: "Casi todas las mujeres viven su vida desde afuera, dispuestas siempre a juzgar su cuerpo, sus sentimientos y sus pensamientos en función de un estándar externo que no alcanzan". Al aceptar que tus necesidades y pensamientos son tan válidos como las necesidades y los pensamientos de tus seres queridos y darte permiso de descansar, se te abrirá el camino para redescubrir el sentido de tu yo.

Vas en el asiento del conductor

Sin excepción, todas las madres que entrevistamos hablaron de su vida en términos del trabajo *antes* de los hijos y *después* de los hijos. Las madres se definían a sí mismas más bien por su trabajo remunerado en el pasado o en el presente que por sus intereses, sus motivaciones o por los temas de los que querían hablar en el momento en que tuvieran oportunidad.

¿Por qué?, nos preguntamos.

> *En medio de la dificultad yace la oportunidad.*
> **ALBERT EINSTEIN, científico.**

Creemos que se remonta a la manera en que las mujeres modernas se miden a sí mismas y definen sus valores. Como todas sabemos de sobra, medir o alcanzar el éxito en la maternidad es prácticamente imposible, por lo que buscamos otras maneras de validarnos. Como consecuencia, varias mamás hacen mucho más de lo necesario en el trabajo o en la casa para sobresalir, y así pierden contacto con el objetivo que tenían cuando realizaban actividades que les interesaban mucho.

DEL PROBLEMA A LA SOLUCIÓN

Trisha, madre de tres, en Connecticut

Trisha se sentía bastante bien cuando la conocimos. Pero no siempre había sido igual. Cuatro años atrás, cuando dejó de trabajar para dedicarse a sus hijos, la transición le resultó mucho más difícil de lo que se había imaginado. "¡Me aburría tanto y me sentía culpable todo el tiempo. Pero la oportunidad de estar con tus hijos se da una sola vez", relataba. Al poco tiempo, a su esposo comenzó a molestarle su cara triste; le sugirió que tomara clases o que fuera a una terapia para entender por qué se sentía tan mal. A manera de experimento, Trisha empezó a trabajar medio tiempo en el cine local y descubrió su pasión por las películas: "Reencontré mi pasión por la vida. No sé a dónde me llevará, ¡pero nunca me había sentido tan bien!".

A decir verdad, cada quien es responsable de su propia felicidad. Piensa en cómo utilizas tu tiempo en función de cómo te *gustaría* utilizarlo. Trabajo, niños, maestros, casa, compras, ropa, familia, amigos, doctores, la actividad que se te ocurra de seguro está en tu lista. ¿Puedes identificar qué te impide darle lugar en tu vida a los momentos que realmente te satisfacen? Sin duda, la respuesta es que el día no tiene más que 24 horas.

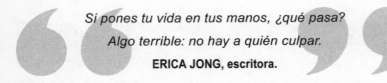

Si pones tu vida en tus manos, ¿qué pasa?
Algo terrible: no hay a quién culpar.
ERICA JONG, escritora.

Te sorprendería la frecuencia con que las madres se detienen simplemente por la *percepción* de que el cambio es imposible. Lily, madre de tres en Virginia, lo explica así: "Me aferro con terquedad a la idea de que no tengo tiempo más que para trabajar y para mi familia. ¡Siempre estoy quitando cosas, jamás aumento nada! Pero hemos aprendido que casi siempre lo único que se necesita es un poco de ingenio para regresar a lo que amas. A Lily le encantaba hacer yoga, pero no tenía forma de incluirla en su horario. Le hacía tanta falta que empezó por pararse de cabeza una vez cada mañana, y poco a poco contó con 15 minutos al día para hacer algunos ejercicios.

El primer paso es identificar lo que te hace sentir conectada, y el segundo es rascar y sacar un poco de tiempo que te ayude a que ese sentimiento crezca. Comienza con pararte de cabeza una vez.

> El autoconocimiento es el gran poder que nos permite entender y controlar nuestra vida.
>
> **Vernon Howard, filósofo.**

Pero ¿qué pasa si no tienes idea de qué es lo que te motiva? Caitlin, madre de dos, en Massachusetts, dice: "Yo estoy hecha para dar, siempre pienso primero en los demás antes que en mí. Si mi esposo dice: 'Haz lo que quieras', no sé qué hacer, sigo en busca de algo que me haga sentir bien, pero esa búsqueda me hace feliz".

DEL PROBLEMA A LA SOLUCIÓN

Channing, madre de uno, en Vermont

A Channing siempre le encantó la fotografía. Su hijo Jake es autista y el salario de su esposo depende de comisiones, por lo que Channing trabaja muy duro y tiene poco tiempo para ella. Hace mucho que renunció a su sueño dorado de ser fotógrafa profesional. Pero la necesidad de ser creativa la siguió acosando. "Empecé a tomar fotos en todos los lugares a los que iba, sin un plan ni estrategia en especial. Pero eso bastó para sentirme yo misma otra vez", explica. Ahora toma fotos de vez en cuando para el periódico local y así por lo menos se siente una fotógrafa semiprofesional.

Retira capas para descubrir tu verdadero yo

La palabra *egoísta* asusta a la mayoría de las madres tanto como las ideas del tipo: "Encuentra tu voz interior" o "Mantente centrada". Karen, madre de cuatro, en Texas, nos dijo que siempre que oye expresiones de esa clase se desconecta: "No tengo tiempo de ser yogui. Hago malabares entre el trabajo y mis adolescentes. Me molesta que me den sermones". No es necesario que compres al mayoreo en estas ofertas de nociones abstractas, pero no hay de otra: si no entiendes qué te hace vibrar, carecerás de energía y de buena voluntad para tus seres queridos.

ANNE ESCUCHA A SUS ENTRAÑAS

"He trabajado desde que tengo memoria. De niñera a anfitriona en un restaurante local, después como salvavidas. En fin, fui una niña que siempre trabajó. Me encantaba el compañerismo, la manera en que el trabajo marcaba el ritmo de mi semana y arriesgarme con experiencias diferentes, además de que ganar dinero no me venía nada mal.

Cuando tuve a mi primer hijo, la vida siguió igual. Al terminar mi licencia por maternidad, me lancé a trabajar medio tiempo en Recursos Humanos. Me acuerdo que le dije a una colega: '¡Me parece increíble que me *paguen* por hacer esto; siento que estoy de vacaciones!' Estoy segura de que dejaba marcadas las llantas al salir del *garage* los lunes por la mañana. Y al regresar a casa venía corriendo para llegar a ver a mis gemelas Carly y Meg después de haber estado fuera tantas horas.

Seguí trabajando hasta que mi tercer hijo, Jay, cumplió un año. Luego se vendió la compañía en la que trabajaba, eliminaron mi puesto y me quedé en casa tiempo completo. Estaba muy emocionada. ¡Tendría tiempo para pasar el día entero con mis hijos! ¡Podría hacerme cargo de todo!

Pero con las exigencias de ser madre las 24 horas del día, siete días por semana, no tardé en darme cuenta de mi necesidad desesperada de salirme de mis cuatro paredes y hacer algo independiente.

Primero empecé a correr. Tres mañanas a la semana me encontraba con mis compañeros corredores y emprendíamos el camino. Muy pronto, de correr un kilómetro aumenté a otro, y hasta empecé a correr maratones. Pero yo todavía necesitaba más. Me metí a *tenis*, yoga y golf y llené mis días con actividades de voluntaria. Al principio fue muy emocionante, pero al poco tiempo me di cuenta de que ésa no era la manera en que quería ocupar mi tiempo. Hubo una vez en que estando en la cancha de *tenis* en medio de un partido pensé: '¿Qué necesidad tengo de estar aquí?'

Otro día, le comenté con envidia a una mamá que vi pasar, vestida para irse a la oficina: '¡Qué suerte tienes!'. Se tardó en reaccionar, para decirme: '¡Tenemos que hablar!'.

Poco después regresé a trabajar. En uno de mis primeros días en la oficina, se apoderó de mí el sentimiento de que estaba en el lugar correcto. En ese momento preciso supe que lo que había extrañado siempre era trabajar. Debo reconocer que hay días en que sueño despierta con la vida de mamá en casa, pero la voz de mi interior me hace volver al trabajo semana tras semana.

Le pedimos a algunas mamás que pensaran muy bien en su definición de autoconciencia y la escribieran. A continuación algunas de sus declaraciones:

▶ Es la capacidad de reflejar y adaptarse.
▶ Es saber qué es lo que en realidad te hace vibrar.
▶ Es cuando entiendes tus motivaciones.
▶ Es cuando pones atención *sin* estar lista para reaccionar.
▶ Se trata de entender lo que necesitas y poder expresarlo a los demás.

> *La gente suele decir que tal o cual persona no se ha encontrado a sí misma. Pero el yo no es lo que uno encuentra, sino lo que uno crea.*
> **THOMAS S. SZASZ, psiquiatra.**

Betsy Cole, consejera de vida que trabaja con individuos y con empresas para ayudar a que las personas se definan mejor a sí mismas y sus necesidades, considera la autoconciencia como "la comprensión personal del núcleo mismo de la identidad propia". Se trata de estar presente tanto mental como físicamente y entender la conexión profunda entre el estado físico y el estado emocional de tu ser. Así, por ejemplo, si tienes dolor de estómago o molestias en la mandíbula, no tienes más que examinar las circunstancias de tu vida que puedan estarte causando estrés.

De cierto modo, la autoconciencia es exactamente lo opuesto a funcionar en automático. Es el estado que alcanzamos después de analizar nuestra motivación, habiendo decidido actuar conforme a nuestras necesidades. Una mayor conciencia implica el reconocimiento de opciones, que a su vez permite el cambio y conduce a una mayor libertad.

DEL PROBLEMA A LA SOLUCIÓN

Maya, madre de dos, en Australia

Maya inscribió a una de sus hijas a clase de natación en las primeras horas de la noche, justo cuando Maya prepara la cena para la familia. Al paso de uno o dos meses con esta nueva rutina, Maya empezó a sentirse irritada y al principio no entendía por qué. Trató de ponerle atención a qué era exactamente lo que sentía y cuándo. "Me di cuenta de que me encanta cocinar y de lo mucho que significa para mí tanto ese momento especial de paz en la cocina, como la unión que vivimos después", relataba. Ahora sabe que al ir creciendo las niñas tendrá que programar sus actividades más temprano para poder hacer lo suyo, o tendrá que encontrar algo diferente que la llene de la misma manera.

El primer paso para cobrar autoconciencia es sumamente sencillo: *pausa*. ¡Detente un momento! Observa qué pasa dentro de ti, y luego pregúntate por qué. Janet, madre de dos, en California, comentaba que cuando empieza a rechinar los dientes quiere decir que está a punto de ser sarcástica y cruel con sus hijos. "Percibo el momento en que comienzo a transformarme. Conozco muy bien mis disparadores, y de ninguna manera quiero salirme de control. De modo que, ¡mejor me detengo!"

Las madres cuentan con muchas maneras diferentes de lograr una mayor introspección. Nos consta a nosotras tres. Si crees que sería buen experimento escribir lo que piensas, toma tu *Cuaderno de trabajo* y haz lo mismo que Susan. Sally, madre de uno y empresaria, de Texas, relataba que empezó por escribir una sola palabra al día. Aunque siempre estaba presionada por el tiempo, recurrir a esa palabra que representaba su día la motivó a tomarse unos momentos para reflexionar.

Éxito significa tener el valor, la determinación y la voluntad de convertirte en la persona que tú crees que estás destinada a ser.
GEORGE SHEEHAN, filósofo.

Anne corre a la intemperie, con la intención de sentir la conexión entre sus pies y la tierra que va pisando. Esta propuesta de introspección por medio de actividad física y observación de la naturaleza es la favorita de muchas mamás. Todas refieren que respirar aire fresco, hacer algo repetitivo y calmante mientras ejercitaban su cuerpo les ayudó a ponerse en contacto consigo mismas. Incluso cuando la actividad física en exterior resulta imposible, observar la naturaleza en silencio conduce a un estado de serenidad propicio para examinarse a una misma. Marta, madre de dos, en Italia, vive en un departamento en la ciudad, pero va al río con frecuencia cuando necesita paz. "Puedo quedarme mirando el agua, su movimiento y encontrar un espacio para pensar", dice.

Como vía para desconectarse del ruido de la vida diaria, los pensadores visuales como Katrin suelen enfocarse en dibujos u objetos o emprender actividades creativas. Algunos escriben afirmaciones y las colocan en un lugar muy visible: arriba del espejo del baño, en el coche o junto a la computadora. Muchas mamás con inclinaciones artísticas escriben poesía, pintan, esculpen, cosen o dibujan. Han descubierto que crear algo con sus manos les permite despejar su mente y vivir el momento con mayor conciencia.

> *Escribir cristaliza el pensamiento y lleva a la acción.*
> **PAUL J. MEYER, escritor.**

Esta clase de introspección tranquila beneficia mucho a la mujer que vive de prisa. Puede:

▸ producir autoconocimiento y, por tanto, confianza en uno mismo;
▸ ayudar a identificar los valores dándole claridad a los procesos del pensamiento y eliminando conductas aprendidas;
▸ restablecer el contacto con el instinto, lo que también facilita la toma de decisiones;
▸ empujar delicadamente de la intención a la acción; y,
▸ liberar emociones o miedos atrapados que de otro modo llenan nuestros días de energía negativa.

Todos somos diferentes y por eso cada camino tomará rutas distintas. Pero aquí presentamos algunos consejos útiles para toda mujer que desee mejorar el contacto con sus necesidades:

▸ **Sé paciente.** Las respuestas a la elusiva pregunta de *por qué* te sientes de cierta manera pueden tardar un rato en llegar: si sientes que te frustras con rapidez, sólo date tiempo.

▸ **Sé compasiva.** En vez de tratar de cambiar todo el tiempo, intenta aceptarte más. Por ejemplo, si siempre llegas tarde, en lugar de flagelarte puedes decir con una sonrisa: "Perdón, casi siempre funciono con cinco minutos de retraso, ¡pero cuenta con que siempre voy a llegar!"

▸ **Asume la responsabilidad.** Evita culpar a otros o a las circunstancias. *No* es demasiado tarde, *ni* tienes demasiados años, *ni* el dinero es la solución de todos los problemas. Reconoce que tienes el poder de tomar decisiones, una por una, que pueden conducirte a una gran felicidad.

▸ **Escucha tus instintos.** Confía en la voz de tus entrañas, y desconecta el ruido que te distrae (las expectativas de otros) y que forma un torbellino a tu alrededor.

> *Sé paciente con todo lo que no se ha resuelto dentro de tu corazón y trata de amar por sí mismas a las preguntas.*
> **RAINER MARIA RILKE, poeta.**

Sentirte conectada

En el proceso de hacer un examen de ti misma y de la manera en que manejas tu vida (es decir, mientras logras mayor conciencia) descubrirás tus pasiones, tus miedos más profundos y tus grandes necesidades. Tendrás conciencia de los hábitos en que has caído y que son contraproducentes.

DEL PROBLEMA A LA SOLUCIÓN

Anna, madre de dos, en Rhode Island

A Anna le encantaba tejer cuando era adolescente. Cuando contrajo matrimonio y se convirtió en madre, permaneció en casa algunos años disfrutando la flexibilidad de estar disponible para su familia. Pero le *molestaba mucho* la dependencia económica. "Me di cuenta de que necesitaba ganar dinero y recurrí a mi vieja pasión, ¡tejer!", explicaba. Comenzó por hacer bolsas tejidas y ahora maneja un pequeño e interesante negocio. "Hay para mí una enorme diferencia al participar en el aspecto financiero del hogar. Además, es increíble que sea haciendo lo que me encanta".

Pero lo maravilloso es que iniciarás una vida más auténtica y conectada, de acuerdo con tus propias convicciones. En la novela *The Hitchhiker's Guide to the Galaxy,* de Douglas Adams, un personaje dice: "Él sentía que su vida era como un sueño y a veces se preguntaba quién soñaba eso, y si disfrutaba su sueño".

¿Verdad que todos nos hemos sentido así alguna vez? Como si no fuéramos dueños de nuestro destino, como si hubiéramos perdido contacto con la gente y con el mundo que amamos. De modo que una vez que estés más atenta a lo que tu alma anhela, al centrarte un poco *más* en ti misma empezarás a ejercer la posesión de tu vida.

Al permitirme la paz, encontré comodidad en mis fortalezas y acepté mis debilidades.

SUSAN Y SU BÚSQUEDA SOLITARIA

"Una noche, cuando era muy pequeño mi tercer hijo, Hugh, acababa de sentarlo en su bacinica y la casa estaba en silencio total. En noches como ésa solía evaluar mis alternativas en la vida, y en ese momento pensaba en mi reciente renuncia al trabajo de tiempo completo. Había sido una decisión reflexionada, pero me sentía insegura en cuanto a encontrar los retos que necesitaba para estar feliz. Quizá empezaría a caminar o participaría en una carrera ciclista. ¿Qué tal si me unía a Destino Lejano, un viaje que quise hacer toda la vida?

Al año siguiente decidí irme a un viaje de ocho días en kayak a Ten Thousand Islands, en Florida. Entrené con tanta dedicación que me dolía todo menos el alma. Hacíamos kayak vigorosamente, conversábamos y escuchábamos. Aprendimos a hacer un 360 en las lanchas, leíamos poesía y compartíamos historias. Las entradas de mi diario tendían hacia preguntas filosóficas como: '¿Quién soy?' '¿Por qué me estoy retando?' '¿Cuál es mi propósito?' y '¿Qué me hace feliz?'

Aún no tenía ninguna respuesta.

Llegó el momento del viaje en solitario. El equipo me dejó en una de las islas, sola. Quedé en una punta de playa con toda su extensión para mí. Los mosquitos me devoraban, así que empecé a caminar de ida y vuelta, de ida y vuelta durante tres horas. Luego me senté con mi diario otras cuatro horas. Con el paso de las horas sentía una paz cada vez mayor. Esas páginas de mi diario se convertirían en testimonio de uno de los momentos más importantes de mi vida.

Comencé a darme cuenta de cuánto disfrutaba ser mamá y de que no me hacía ninguna falta trabajar con clientes demandantes. La variedad de personas que había conocido en ese viaje me había lanzado a una manera nueva de verme. Por primera vez era verdaderamente yo misma: la que escucha, la madre, la cuidadora, la sensible, la soñadora, la optimista, la controladora y la que ayuda. Al permitirme la paz, encontré comodidad en mis fortalezas y acepté mis debilidades. Esa noche se cristalizó lo que era importante para mí: familia, aprendizaje, una pasión externa y vivir agradecida."

Nos imaginamos muy bien lo que piensas en este momento: ¿cómo se distingue exactamente la autoindulgencia destructiva del egoísmo constructivo?

¡Por la pasión!

Recuerda la pasión que sentías hace algunos años por el arte, caminar, escribir, el cine, la música, deportes, teatro, obras de caridad, trabajo, viajes, amigos, animales o niños. La pasión, que es la energía y la dedicación que surge del verdadero interés por una actividad, era parte de nuestra vida y la mayoría de nosotras la daba por sentada. Fue lo que nos hizo sentir un profundo sentido de conexión entre nosotras y la vida que llevábamos.

"¡Pero es que entonces yo era casi un bebé!", te dices escéptica a ti misma. "¿Qué sabía de rutinas interminables, sacrificios, responsabilidades o resultados impredecibles? Hoy las cosas son diferentes. Para empezar, ¡ni tiempo tengo para pasiones!"

> **"** *Los elementos esenciales de la felicidad son: algo que amar, algo que hacer y algo en qué tener esperanza.* **WILLIAM BLAKE, poeta.** **"**

La vida sin un sentido de conducción y de significado puede volverse monótona muy rápidamente. Todos los seres humanos necesitan motivación, afirmación y sentimiento de orgullo y de éxito. Solana, madre de tres, en Massachusetts, explicaba que después de un tiempo de quedarse en casa con sus bebés se dio cuenta de que necesitaba "hacer algo con mi cerebro porque de esa manera, al estar con mis hijos, ¡podía ser amable con ellos otra vez!" Se puso entonces la meta de leer un libro al mes.

En 2005, la encuesta Harris Interactive reveló que sólo 20 por ciento de los estadounidenses sienten pasión por lo que hacen, esta cifra es todavía peor en relación con las madres, trabajen fuera de casa o no. El Centro Médico del Cincinnati Children's Hospital llevó a cabo un estudio en 2003 basado en madres que llegaron a urgencias con hijos que presentaban problemas menores. ¡30 por ciento de estas madres resultaron positivas en cuanto a depresión, ansiedad, ataques de pánico o problemas asociados al estrés!

> *Todos somos únicos. Qué regalo tan preciado pierde el mundo si no investigamos quiénes somos para después compartir nuestra individualidad.*
> **JOAN ANDERSON, escritora.**

Una vez que haces una pausa para escuchar esa suave voz interior que te dice en secreto lo que necesita, puedes empezar a tomar las decisiones necesarias para convertir esos deseos en realidad. Hazte las siguientes preguntas y escribe las respuestas en tu *Cuaderno de trabajo*, sin olvidar que tal vez no tengas todas las respuestas de inmediato:

▶ ¿Qué te hace sentir escalofrío?
▶ ¿De qué puedes platicar sin parar?
▶ ¿Qué quieres aprender más?
▶ ¿Con qué o con quién te quieres sentir más conectado?
▶ ¿Qué haces que simplemente te parece bien?

El poder del pensamiento positivo

Si crees que puedes hacer algo, lo más probable es que puedas; si estás lleno de dudas personales, lo más probable es que no puedas. En su libro, *Let Your Goddess Grow*, la doctora Charlene Proctor argumenta que lo que *piensas* del mundo y de tu papel en el mundo es lo que crea tu propia realidad. Quizá parezca un poco raro, pero a lo largo de nuestra investigación llegamos a creer que el pensamiento positivo de una persona puede ser en realidad la clave para desencadenar la plenitud de su potencial. "No se necesita experiencia técnica. Simplemente necesitamos la fortaleza suficiente para elegir lo que queremos experimentar." La doctora Proctor escribe: "De repente nos damos cuenta de que hemos creado una realidad fabulosa basada en nuestras intenciones".

A continuación enlistamos algunas técnicas que ayudaron a enfocarse hacia lo positivo a las madres que las compartieron con nosotros:

▶ Rectifica tus pensamientos negativos. En vez de pensar: "Nunca voy a poder con esto", piensa: "¡Estoy segura de que me sentiré muy bien cuando pueda con esto!"
▶ Trata de no personalizar las críticas. En vez de interpretar un comentario como si tuviera relación con tus errores, tómalo tal cual. "La pasta está fría", no es lo mismo que: "Eres mala cocinera".
▶ Mantente en actividad para que puedas sacudirte lo negativo. O haz justo lo contrario y mantente en completa calma. Expulsa las malas vibras.
▶ Practica la meditación o reza.
▶ Separa tus retos en partes pequeñas y manejables.
▶ Acepta que la práctica hace al maestro y la maestría toma tiempo. De hecho, cada error es una oportunidad para aprender.
▶ Intenta no proyectar tus reveses en futuras decepciones. Desafortunadamente, el pesimismo tiende a la autosatisfacción.

DEL PROBLEMA A LA SOLUCIÓN

Elaine, madre de tres, en California

Como escritora independiente, Elaine siempre sufría rechazos. Cuando terminaba un cuento invariablemente los editores le respondían el mismo número de "sí" que de "no". "En verdad, qué duro para mi psique porque empecé a sentir que no tenía suficiente capacidad", declaraba. De modo que en vez de concentrarse todo el tiempo en su obra de no ficción, empezó a trabajar en una novela de otro tipo, en la madrugada, cuando todos estaban durmiendo: "Es increíble, pero fue como si al abrirme a otras posibilidades todo mejorara." Esa energía recién descubierta en su escritura se tradujo en historias divertidas, de interés humano, que empezó a vender.

> *La peor soledad es no sentirte cómodo contigo mismo.*
> **MARK TWAIN, escritor.**

¿Qué sucede si no sólo te enfrentas a dudas y al monólogo interior negativo? En la vida de muchas mujeres hay retos enormes, no sólo piedritas en el camino. Hemos platicado con madres que tienen hijos con discapacidades, que han perdido a sus esposos, que viven con enfermedades que las debilitan o que han quedado financieramente devastadas. El doctor Jon Kabat-Zinn, de la Escuela de Medicina de la Universidad de Massachusetts, explica en el libro *The Mindful Way Through Depression* que "al desviar nuestra perspectiva hacia los pensamientos y sentimientos, y a la manera en que se expresan en nuestro cuerpo y nuestra vida, logramos enfrentarnos a los retos con mucha más flexibilidad".

KATRIN ENTRA A LAS PROFUNDIDADES

"Hace unos años llevaba a mi hijo Peter a tomar clase de pintura al Museo de Arte los sábados. Disfrutaba esas horas sola entre los cuadros con Svenja, recién nacida, y Greta, niñita muy caprichuda. Ese momento era mi única paz enmedio de mis días enloquecidos. Extrañaba mucho Europa y la vida de la ciudad. Acababa de renunciar a mi trabajo de productora de radio e intentaba terminar mi primera novela. Muchas veces utilizaba este rato en el museo para hacer notas en mi cuaderno de escritora. Ahí escribí lo siguiente, que me llevó a empezar una reevaluación de cómo usaba mi tiempo.

Recuerdo haber ido de adolescente a la galería Jeu de Paume. El arte me hablaba con tanta claridad, contenía tantos misterios del mundo: historia, gente, relaciones y la habilidad de la mente para concentrarse, trabajar, armar algo bello. Ahora, adulta ya, me pregunto cómo puedo hacerme cargo de tanta gente y de su felicidad si en mi interior me siento tan vacía.

¿Qué es lo que necesito para sentirme más real? ¿Por qué no puedo estar satisfecha con lo que tengo? ¿Qué es lo que realmente quiero? Siento como si todo y todos se alimentaran de mí.

Ese día me fui a casa y lloré amargamente. Ante Kevin, mi esposo, reconocí lo que sentía, sin poder detallar *por qué me sen-*

tía así. Decidí entonces actuar. Hice tres listas hasta llenarlas. Tenían los siguientes títulos:

1. No quiero
2. Necesito
3. ¡Hazlo tan pronto como sea posible!

Entendí que no podía esperar a que me entregaran mi vida en charola de plata, que yo tenía que *hacerla*. Me di cuenta de lo mucho que extrañaba a la gente y que debía encontrar una forma de mayor interacción con los demás. Empecé a ir a sesiones de lectura y me inscribí en algunas clases nocturnas. Luego llegué más lejos: abrí mis talleres privados de escritura y muy pronto me vi con un pequeño negocio editorial independiente. Haciendo cambios menores, uno por uno, poco a poco gané la lucha por recuperar la sensación de autocontrol."

Las mamás concuerdan en que cuando se sufren reveses mayores, es importante reconocer el dolor y la frustración y trabajar después para salir adelante. Irene es mamá de dos, en Delaware, y perdió en un solo año a su padre y a su madre. "Puse de lado mi enojo, pensando que tenía que salir adelante", reconocía. "Luego me di cuenta de que estaba en el filo de la navaja, como perdida."

Deepak Chopra explica en su libro *The Deeper Wound* que "curarte a ti misma es un proceso que abarca dos etapas: primero se libera la energía del sufrimiento, luego se reemplaza con la energía del alma". La energía positiva proviene de rodearte de pensamientos que *apoyen* lo que crees de ti misma y de lo bueno del mundo.

> *Tu fuerza, tu valor y tu confianza aumentan en cada experiencia en que verdaderamente dejas de ver miedo en el rostro.*
> **ELEANOR ROOSEVELT, ex primera dama de Estados Unidos.**

Si las declaraciones positivas dan como resultado sentimientos positivos, que luego permiten progresar, trata de completar las tres siguientes afirmaciones, incluyendo todas las descripciones optimistas y precisas que sea posible:

▸ Yo soy…

▸ Yo puedo…

▸ Yo voy a…

Esto te ayudará a visualizar las posibilidades que son ya inherentes a la vida. "Cada límite que se supera, cada frontera que se cruza, confirman que la mayoría de los límites son autoimpuestos, que tu potencial y tus posibilidades son mucho mayores de lo que imaginaste y de que eres capaz de lograr mucho más de lo que piensas", dice Robert Kriegel, ex entrenador olímpico, en su libro *Sacred Cows Make the Best Burgers*. En vez de enfocarte en los obstáculos, visualiza las curvas de la pista que tienes enfrente y ponte los tenis. Deshazte de todo el equipaje emocional pesado y date permiso de crecer y de cambiar lo mucho o lo poco que necesites.

> *La única manera de que un cambio tenga sentido es sumergirse en él, moverse con él y unirse al ritmo del baile.*
>
> **ALAN WATTS, experto en religión comparativa.**

El viaje ha comenzado

Sin duda los padres tienen una gran tarea. Nadie quiere fracasar en esta responsabilidad masiva, pues queda claro que es la labor más importante que cualquiera pueda emprender en la vida. Pregúntate lo siguiente: si tu vida como mujer es equilibrada y tranquila, ¿no tendrá que ser mucho mejor tu vida como madre? Y, ¿no sentirán ese amor tus hijos y tu esposo?

En tanto sigues pensando cómo aumentar la autoconciencia en tu vida, hazte estas preguntas esenciales de vez en cuando:

- ¿Eres capaz de identificar lo que te hace vibrar? ¿Estás dispuesta a intentarlo?
- ¿Hay cosas en tu vida que te parezcan hermosas?
- ¿Tu imaginación cuenta con alguna salida?
- ¿Aprendes algo nuevo diariamente?
- ¿Obedeces tus instintos y te permites ser espontánea?
- ¿Eres amable, te perdonas y eres paciente contigo misma?
- ¿Crees que tienes alternativas?

Mientras sigas dando estos pasos hacia una vida más auténtica (consciente de que un poco de egoísmo nos llevará lejos) irás en camino hacia una vida más feliz.

> *El propósito de la vida es vivirla, saborear la experiencia al máximo, buscar con entusiasmo y sin miedo experiencias nuevas y más enriquecedoras.*
> **ELEANOR ROOSEVELT, ex primera dama de Estados Unidos.**

CONSEJOS DESDE LA TRINCHERA

▸ **Haz una declaración.** En ocasiones lo que necesitamos es una dosis de firmeza y determinación. Una vez que te has planteado lo que quieres cambiar en tu vida, ciertos rasgos de ti misma que desees atenuar o en los que te gustaría concentrarte, define tus intenciones en una declaración seria. Podrías decir: "Voy a dedicar una tarde a la semana a pintar; voy a cambiar mi costumbre de levantarme cansada y enojada; ya no reaccionaré tan rápido con los niños".

▸ **Salte de ti misma.** Intenta vivir una experiencia fuera de tu cuerpo para que veas tus patrones de conducta, tus reacciones y tus procesos de pensamiento con mayor objetividad. Los consejeros de vida dicen que debes imaginarte parada detrás de tu yo real, mirando por encima del hombro, como un científico que compila datos para su investigación. Observa cuándo te sientes incómoda, cuándo tienes conversaciones difíciles y cuándo te sientes feliz. Te librarás de los hábitos que te limitan al descubrir lo que los dispara.

▸ **Escribe varias páginas todos los días.** Muchos consejeros y terapeutas creativos recomiendan escribir para acercarse al inconsciente. Nos encanta la idea de Julia Cameron de escribir todos los días lo que llama "páginas matutinas". Al despertar, lo primero que haces es escribir todo lo que pienses hasta que llenes tres páginas. Te sorprenderás de todo lo que surgirá en tu conciencia, incluso cuando no crees que tienes nada que escribir.

▸ **Reubica tus prioridades.** Toma siete tarjetas y escribe una de las siguientes palabras en cada una: mente, cuerpo, espíritu, familia, amigos, trabajo, relación. Ponlas frente a ti. Colócalas en orden según el tiempo y la energía que le dedicas a cada una. ¿Ese orden refleja la manera en que quieres utilizar tu tiempo? Del lado derecho de la tarjeta escribe lo que disfrutas actualmente de cada una de estas partes de tu vida, y del lado izquierdo escribe lo que necesitas fortalecer.

▸ **Atrévete.** Piensa en grande. En vez de tener la esperanza de publicar un poema, planea que sea una novela. En vez de soñar con una noche fuera sin tu familia, proyecta tomarte un año sabático en el trabajo, inscríbete a una clase nueva o arranca un negocio propio además de lo que haces. Al principio puedes sentirte amenazada por estas grandes ideas, pero te entrenarás para creer en tu potencial.

▸ **Usa tu cuerpo como sensor.** Cuando se te acelera el corazón o tienes la boca seca, cuando estás agotada o te tiemblan las manos, quiere decir que un acontecimiento externo afecta tus emociones y se expresa por medio de incomodidad física. Los médicos dicen que debes anotar cómo reacciona tu cuerpo en ciertas situaciones, para que empieces a identificar las que te hacen sentir mal y las cambies o las evites.

▸ **Busca un destello en el pasado.** Todos tenemos recuerdos de nuestra infancia con momentos de intensa felicidad; en general, el catalizador fue algo pequeño, como una hermosa puesta de sol, el lengüetazo de un perro, un helado que nos compró algún tío de pocas palabras o el agua fría de un lago. Escribe diez cosas que te hacían feliz de niña. ¿Puedes volver a hacer alguna de esas diez cosas como adulta?, ¿el próximo mes, la semana entrante o mañana?

▸ **Identifica símbolos de felicidad.** Las flores hacen muy felices a ciertas mujeres. A otras les encantan las toallas de baño esponjosas. Hay una mujer, Savanna, a la que le fascina cómo huelen los lápices cuando les saca punta. ¿Cuáles son las cosas cotidianas que te hacen sonreír? Asegúrate de tenerlas en tu casa. Cuando te sientas decaída o confusa, retírate de donde estás y ve a tocar ese objeto. Pasa unos minutos observándolo y luego continúa.

▸ **Desahógate al escribir una carta que no enviarás.** Hay que liberarse de los sentimientos de enojo o de celos que nos pesan como si trajéramos una cadena y un grillete. Siéntate y escríbele una carta a alguien con quien te sientas muy enojada: quizá sea tu maestra de primero de secundaria que te hizo sentirte tonta, o tu padre que no te permitió ser veterinaria, tal vez sea tu hijo que no te escucha, o tu jefe que te trata como sirvienta. Ponlo todo en el papel en términos claros. Después quémalo y no mires atrás.

▸ **Reconoce lo que tienes enfrente.** En vez de pasarte el día dentro de tu zona de comodidad, bajo tus suposiciones habituales en cuanto a personas o sucesos, trata de abrirte a las posibilidades que se te presentan sin que te hayas dado cuenta. Cuando recibas una invitación del bando opuesto que rechazarías sin pensar, prueba aceptarla. Tal vez ir a una exposición de arte con tu antigua compañera de cuarto, o a un paseo por el campo con tu amiga de segundo año, te regalará un momento de belleza que resultará más satisfactorio porque es inesperado.

▸ **Aclara tus metas.** A veces el mayor reto radica en descubrir cuáles son en realidad tus metas personales. Una manera excelente de iniciar este proceso es darte un tiempo a solas con tu *Cuaderno de trabajo de la mujer* y empezar a hacer listas: "¿Qué quiero?" "¿Qué *no* quiero?" "¿Qué es lo que me gusta de mi vida en este preciso momento?" "¿Qué es lo que no me gusta mucho de mi vida?" Reconoce que tienes alternativas y ser honesta contigo misma te ayudará a darte cuenta de que verdaderamente puedes convertir tus metas en realidades.

¡PUSE EN PRÁCTICA LOS CONSEJOS!

Jen, madre de dos en Georgia

"Nunca pensé en mí misma como escritora, pero cuando estoy tensa me gusta garabatear, por lo que se me ocurrió escribir unas páginas cada día. Al principio me costó trabajo pensar en el material suficiente para llenar tres páginas completas, pero al paso de unas cuantas semanas comencé a anhelar mi café de las mañanas, sola y pensando. Creo que ahora me gustaría meterme a algún club, por ejemplo de lectura, o buscar amigos a los que les guste ir al cine. De lo que estoy segura es de que me interesa explorar otra vez mi lado creativo."

3

LA IMPORTANCIA DEL AQUÍ
Y EL AHORA

De vivir preocupada, a apreciar
el momento

Estás en la cocina, con el ruido de la televisión, preparando la cena. Esta noche decidiste cocinar algo que no sea de lata, así que estás picando verduras. Piensas en la propuesta que harás en el trabajo, o te preocupa la cuenta que llegará de la tarjeta de crédito. O quizá repasas un pleito que tuviste con tu hermana; la decepción y el enojo se reflejan en los músculos de tus hombros. Te cortas un dedo. Sigues adelante. Empiezan las noticias, que son deprimentes. Te sientas frente a la computadora para ver el pronóstico del tiempo del día siguiente y te preguntas si los niños van a necesitar impermeable y botas.

"¿Mamá?", llama tu hija desde el otro lado del cuarto. "¿Mamá?"

"Mmmm. . . espérame tantito", le respondes mientras miras el mapa del clima.

"Mamá, hoy yo . . ."

¿La nube de la tormenta que está en la pantalla se acerca o se retira de tu zona?

"Sí, mi amor, dame un segundo."

"¡Ay, no importa!". Se oyen pasos. Se cierra una puerta.

"Mi amor, ¿qué pasó?" Volteas a buscarla, pero ya se fue.

Y te quedas ahí. El momento, la oportunidad, se fueron en un tris.

> *El tonto busca la felicidad en la distancia, el sabio la cultiva a sus pies.*
> **JAMES OPPENHEIM, poeta.**

Todos estamos muy ocupados haciendo varias cosas al mismo tiempo. Así es la vida actual, ¿verdad? ¿Pero, a veces tienes la sensación de que mientras estás muy ocupada atendiendo tus responsabilidades, te pierdes de lo que en realidad te conecta con tus hijos? Te presentamos un hecho interesante: todas sentimos que esto se debe a que disponemos de menos tiempo, pero las estadísticas muestran que realmente estamos *más* tiempo con nuestros hijos que nuestras madres con nosotros. En 1965, las madres pasaban un promedio de diez horas a la semana concentradas en sus hijos, en tanto que ahora les dedican 14 horas, según datos de Suzanne M. Bianchi, directora del Departamento de Sociología de la Universidad de Maryland. "Casi como si no importara qué tanto hacen, siempre sienten que no es suficiente", comenta Bianchi sobre las madres modernas en su libro *Changing Rhythms of American Family Life*, publicado en 2006.

¿Por qué esa diferencia entre percepción y realidad? La verdad es que el tiempo que pasamos con nuestra familia no se nos acredita ni a nosotras ni a ellos. ¿Qué tan seguido estás con tus hijos sin que tu atención se divida? Tal vez estés en su presencia (en casa o en el coche) o haciendo algo para ellos, pero ¿realmente estás *con* ellos? Lo irónico es que tomar un descanso mental puede ayudarnos a involucrarnos más a fondo con la actividad que nos ocupa: en este caso, descanso significa que nos permitamos hacer una pausa, una interrupción en el transcurso de una actividad, para *enfocar* nuestros pensamientos y *reconstituirnos*.

Aquí abordamos la idea de vivir el momento, no el ayer ni el mañana, sino el ahora. Algunos le llaman *atención*, otros *estar presente*.

Responde las siguientes preguntas:

▶ ¿Sueñas siempre con el futuro, pero te parece difícil disfrutar cada día?

▶ ¿Vives en el pasado, recordando días maravillosos?

▶ ¿Apresuras las actividades de diversión para llegar al trabajo o a los quehaceres que necesitas terminar?

▶ ¿Despiertas en la noche pensando en la lista de lo que debes hacer?

▶ ¿Sientes presión en el pecho durante tus actividades diarias?

▶ ¿Experimentas dolor o arrepentimiento y no puedes evitarlo?

▶ ¿Te parece difícil perdonar y olvidar?

Estos son los síntomas de lo que los budistas llaman "mente llena de changos", pues somos incapaces de mantener nuestra mente en paz. "Pasamos la mayor parte del día con agitación. Aun cuando no estén los niños, siempre hay algo pendiente", advertía Serena, mamá neoyorkina, que tiene dos hijos en preparatoria. Nuestra cultura valora la industria y el progreso, los cuales no sólo conllevan acción constante, sino también ansiedad.

> *El secreto de una mente y un cuerpo sanos es no llevar luto por el pasado, no preocuparse por el futuro ni anticiparse a los problemas, sino vivir el presente con sabiduría y honestidad.*
>
> **DALAI LAMA, líder budista tibetano.**

Encima de todo, muchas de nosotras vivimos con violencia, dureza, tragedia, estrés financiero o desastres, ya sea naturales o provocados por el hombre y nuestra reacción frecuente ante estos desafíos es engancharnos. Y *eso* seguramente se revierte y puede convertirnos en madres inseguras que sobreprotegen a sus hijos, ¡lo cual juramos no hacer jamás! Las madres cuidan a sus crías y se preocupan en vez de simplemente experimentar la dicha de vivir.

¿Estar presente de lleno? Pero es que aquí estoy . . .

Nosotras tres estamos convencidas de que la habilidad de estar presentes de lleno es uno de los secretos más importantes para disfrutar el proceso de la maternidad. Hemos escuchado el eco de este tema en la historia de muchas madres. El budismo nos enseña que podemos alcanzar discernimiento, sabiduría, introspección e iluminación siendo más conscientes de nuestro cuerpo, nuestra mente y nuestros sentimientos. Las religiones occidentales, como el catolicismo y el protestantismo, alientan las visitas a la iglesia y la oración como un receso enmedio de la agitación. Dentro del judaísmo se practica el *Shabbath*, que puede traducirse como "cesar" o "sentarse": es el compromiso semanal de suspender el trabajo y toda actividad innecesaria durante 24 horas. Los musulmanes ejercen su *Salah*, que es orar en dirección a La Meca cinco veces al día para desarrollar un estado consistente de atención. La concentración por medio de la meditación, la oración, el silencio y el enfoque preciso en la tarea inmediata, permite que logremos un estado de descanso dondequiera que nos encontremos. Dentro de tu vida cotidiana esto puede traducirse en la verdadera satisfacción de armar un rompecabezas durante una hora con tus hijos, en vez de sentirte angustiada y preocupada.

> *La persona realmente feliz es la que puede disfrutar el paisaje cuando hay una desviación.*
> **Anónimo.**

Mientras aprendemos a trabajar con nuestros sentimientos iniciales de aburrimiento y distracción, al estar con nuestros hijos podemos reconocer en estos momentos aparentemente vacíos la oportunidad de dejar volar la imaginación o de darle a la mente permiso de descansar. He aquí el verdadero punto neurálgico: si no generamos respeto por el momento, por *este* momento, con nuestros hijos, ¿en qué clase de adultos se convertirán? Gillian, madre de tres, en Arizona, se quejaba de no poder sentarse en paz ni siquiera cinco minutos con sus hijos, porque siempre estaba preocupada pensando en el trabajo, la comida o las labores domésticas. Bajar el ritmo y estar verdaderamente presente con nuestros hijos les proporciona el modelo de lo que significa establecer una conexión auténtica con los demás. ¿No es en última instancia lo que todas anhelamos?

KATRIN SE OBLIGA A IR AL PARQUE

"Hace unos años visitamos a mis padres en Londres durante las vacaciones de primavera. Yo tenía todo tipo de planes: quería mostrarles a mis hijos todos los lugares que me encantaban cuando era niña y llevarlos a los mejores museos y galerías, ¡sería maravilloso!

Pero sólo yo desperté el primer día antes de las 11:30 de la mañana. Estaba tan inquieta que fui a comprarme un café y el periódico, caminé una hora por High Street y después anduve por ahí otras horas *más*, pensando en que desperdiciábamos un tiempo precioso. De todo el año, ¡sólo seis días en Londres!, ¿los pasarían durmiendo? Pero ya sabía que no tenía caso despertarlos. Mis hijos no son madrugadores y al principio lo consideré una condición inesperada, pero mientras fueron creciendo empezó a parecerme frustrante.

Por fin se levantaron los tres, de mal humor y con los ojos hinchados. Traté de apresurarlos pero Svenja, que tenía cinco años, empezó a llorar. Cuando propuse que fuéramos a la Tate Gallery o al British Museum, Peter, de casi 11 años, comenzó a rezongar. Se quejó de que estaba muy cansado como para ir a un museo. ¿Qué, no podíamos hacer algo divertido?

'Están floreciendo los narcisos en Hyde Park', dijo mi madre. 'A los niños les encantará'.

No me pareció exactamente una idea enriquecedora, pero decidí, ni modo, que nos quedaban cinco días para compensar el tiempo perdido. Paseando de mala gana por el parque, vi que los tres niños correteaban a un pato canadiense. Me sentía francamente irritada. Luego se me acercó Peter y me dio la mano. No sé qué sucedió con exactitud en ese momento, pero la realidad me golpeó como un palo en la cabeza: mis hijos se estaban divirtiendo en un lugar que me encantaba. Analicé a Peter un minuto. Todavía no entraba en la adolescencia, pero yo sabía que pronto llegaría la etapa de los enfrentamientos (si se repetía mi protagónica conducta adolescente). Pero ahí estaba, *tomándome la mano*. Me pasó por la mente la imagen de él como adulto. ¿Cuánto tiempo quedaba para que él, espontáneamente y sin avergonzarse, me tomara la mano?

Ese día comprendí lo breve del tiempo que estaríamos juntos. Le apreté un poco la mano y empecé a caminar más lento. Fueron las mejores vacaciones y las más productivas que jamás haya disfrutado, porque aprendí a prestarle atención a las cosas pequeñas. Hasta hoy guardo en mi mente ese día, sin importar cuántas cosas urgentes tenga en la agenda."

Vivir con atención es lo opuesto a cumplir con múltiples tareas. En 2006 apareció, en la revista *Neuron*, un artículo de René Marois, neurocientífico y director del Laboratorio de Procesamiento de Información Humana de la Universidad de Vanderbilt, en el que el autor comenta: "El cerebro humano, con sus cien mil millones de neuronas y cientos de trillones de conexiones sinápticas, es una fuente de energía cognitiva sorprendente, cuya limitación sustancial es la incapacidad de concentrarse en dos cosas a la vez". Por medio de imágenes de resonancia magnética funcional, el doctor Marois llevó a cabo un estudio en el que comprueba que las personas terminan sus tareas de manera más efectiva (más rápido y con menos errores) cuando se concentran en una sola actividad, en vez de dispersarse.

> *Atención es la aceptación consciente y equilibrada de la experiencia del presente. Tan sencillo como eso. Es abrirse a recibir el momento presente, placentero o no, tal como es, sin aferrarse a él ni rechazarlo.*
> **SILVIA BOORSTEIN, maestra.**

Es irónico que en nuestra cultura moderna las mujeres concibamos la multiplicidad de tareas como algo positivo. En la escuela, en el ejercicio de la profesión y como madres, se espera siempre que tiremos al aire varias pelotas al mismo tiempo. Muy sinceramente, ¿con qué frecuencia has comentado la incapacidad de los hombres de desempeñar múltiples tareas? Nosotras, ¡muchas veces!

Una cosa a la vez

Hoy en día, no hay forma de evitar que hagamos muchas cosas a la vez. Pero la clave para disfrutar plenamente nuestra vida (en las condiciones actuales) es una mayor claridad en nuestro objetivo: ser lo suficientemente egoístas para definir nuestras prioridades y vivir en función de ellas.

Cuando tu mente va a toda prisa es difícil disfrutar cualquier cosa, no se diga los placeres más sencillos, como la sonrisa de un niño. ¿Qué tan seguido te has visto atrapada en estas situaciones?

DEL PROBLEMA A LA SOLUCIÓN

Jane, madre de tres, en Ohio

Jane pasa mucho tiempo en el coche. Por lo general, cuando está en casa, le gusta que todo esté en paz: sin música ni televisión ni gritos. Pero cuando va en el coche queda atrapada. En el asiento de atrás los tres niños retozan sin cesar. De hecho, no van peleando, pero no dejan de moverse: juegan, se jalonean, preguntan, contradicen, gritan, ríen. "Me volvían loca y no había forma de que estuvieran quietos", se quejaba Jane. ¿Qué hizo entonces? Grabó algunos discos de su lista de "música suave". Cuando las cosas se ponen demasiado rudas, pone un disco y sube el volumen. Eso le ayuda a llamar la atención de los niños y a propiciar la calma.

Estás hablando por teléfono y alguno de los niños intenta decirte algo, pero no lo escuchas.

Uno de los niños te cuenta algo con toda calma mientras tú piensas: "¡Ya apúrate, que vamos a llegar tarde!"

La lista de cosas pendientes ocupa tu mente todo el tiempo cuando realizas una actividad en la que se supone que te estás divirtiendo.

> *El ayer es madera, el mañana cenizas. Sólo hoy arde el fuego en toda su intensidad.*
> **Proverbio inuit.**

Cuando todos están de pleito, a tu esposo se le hizo tarde o tú no encuentras las ligas para la cola de caballo, la casa está en caos y tú estás enojada, es bueno detenerse un momento. Sólo toma un descanso. Registra en tu mente: hay un remolino a tu alrededor. Cuando tu cabeza da vueltas es casi imposible mantener el control. Tal vez descubras que después de respirar hondo varias veces y parar todo el movimiento podrás abordar cualquier situación con mayor compostura. Así lo hace Joanna, madre de dos, en Nuevo México, cada vez que las cosas se ponen de locura, ese ejercicio le ayuda a desplazarse de la irritación hacia la gratitud. "Puedo interiorizar la energía y la vida que flotan en torno a mí y me siento feliz de no estar sola, en vez de enojarme por el torbellino", explica.

Hay una epidemia moderna de adicción a los aparatos como el BlackBerry, los teléfonos celulares o la computadora. Además, con frecuencia se oye música de fondo o la televisión está a todo volumen, mientras funcionas con dificultad enmedio de todo, casi sin darte cuenta. Los niños más grandes llegan a mayores extremos: ¡mandan mensajes mientras escuchan música, hacen trabajos de la escuela y conversan con sus padres! En un artículo que apareció en 2007 en el *New York Times*, David E. Meyer, director de Brain, Cognition and Action Lab de la Universidad de Michigan, asegura que toda esta actividad puede acarrear serias consecuencias negativas: "Las personas pierden la habilidad y el deseo de mantener la concentración e incurren en ansiedad mental".

Existe también otro problema. La multiplicidad de tareas y los malabarismos afectan a nuestros hijos. Al observarnos emulan lo que hacemos. Coleen, maestra de secundaria y madre de tres, en Maryland, afirma que actualmente nuestros hijos están tan ocupados y pasan tanto tiempo socializando en la computadora, en vez de encontrarse cara a cara, que les resultan difíciles las relaciones interpersonales. "Veo en la escuela a esos chicos que verdaderamente ya no saben cómo se lleva una conversación en persona", alerta. Según un estudio realizado en 2005 por la Kaiser Family Foundation, los jóvenes menores de 18 años pasan en promedio más de 90 minutos diarios frente a la computadora y 75 por ciento de ese tiempo lo ocupan mandándose mensajes, leyendo o escribiendo correos electrónicos.

¿Cuál es entonces la solución? Es necesario que las madres les ofrezcan un modelo de lo que realmente es prestarle atención a alguien, mirando a la gente a los ojos, escuchando e involucrándose en lo que dice la otra persona. Si las madres bajan un poco su ritmo, concentrándose en hacer una sola cosa a la vez, y en hacerla bien, su ejemplo les enseñará a sus hijos cómo conectarse con el momento para vivir con mayor conciencia.

DEL PROBLEMA A LA SOLUCIÓN

Katie, madre de cinco, en Maine

Cuando Katie se estaba recuperando de cáncer en un seno, tuvo que permanecer en cama dos meses. Los resultados de esa experiencia fueron sorprendentes porque sintió que su vida se había enriquecido. Ese lapso de paz le ayudó a reflexionar sobre el ritmo caótico de los horarios de su familia y a darse cuenta de que quería más tiempo para pasarla bien: "Al principio fue como una tortura. Luego me encantó esa paz, la paz increíble de estar quieta".

El tiempo vuela

Muchas definimos nuestras prioridades con tan sólo experimentar lo que *no* nos gusta. Vivir enloquecida nunca es agradable. Pero una no siempre reconoce lo estresante que es vivir, mental o físicamente, siempre con pendientes. Cuando un ser querido se enferma o nosotras mismas, si hay que apoyar a un niño discapacitado o mudarse de improviso por un cambio de trabajo son retos que a menudo sacuden de tal modo a las madres que llegan a adquirir una conciencia absolutamente nueva, según aprendimos en nuestros grupos de enfoque.

¿No sería maravilloso si nos pudiéramos ahorrar la tragedia para salir de la rutina robótica? Disfrutando del proceso de la vida (de las cosas diarias y no sólo de la meta final) sacaremos el mayor partido de nuestro breve tiempo aquí en la Tierra. Darle libertad a nuestra mente al enfocarnos en una sola cosa a la vez, en lugar de vivir saltando de un pensamiento a otro, como changos, permitirá también que nos abramos a la curiosidad.

¡Ah!, ¿se acuerdan de lo abiertas y curiosas que éramos de niñas? Junto con la curiosidad genuina llega una conexión más profunda con nuestro mundo y esa capacidad "infantil" de estar plenamente presentes en el momento.

LAS EXPEDICIONES DE ANNE A LA TIENDA MONTE KILIMANJARO

"Cuando mis gemelas eran bebés, invertía toda mi energía física y emocional para sacarlas a la calle y llevarlas al supermercado. Con sólo pensarlo, me transporto a esos años tan increíblemente exigentes y agotadores. Realmente tenía que valerme de muchísima energía en la preparación de nuestra gran salida del día: ir a comprar los alimentos.

Rendida de cansancio llegaba a la tienda, jalaba la manija de la puerta del coche con un dedito rosa que me quedaba libre, metía el pie para abrir y de pronto me veía reflejada en un cristal. Mi pelo desordenado enmarcaba las manchas de vómito en los dos hombros de mi suéter. ¡Qué fachas!, y a mi mente venía la idea: Ojalá que no me encuentre a nadie.

Pero, invariablemente, en cuanto empezaba a avanzar con mi carrito de silla doble alguna mujer mayor me decía algo así: '¡Ah, gemelas, qué maravilla! ¡No te la pases deseando que crezcan!' Uno o dos pasillos después, otra mamá vociferaba: 'Disfrútalas, mi reina, ¡se van tan rápido!' Y minutos después me detenía otra mujer para comentar mi buena suerte. ¿Suerte? De verdad que yo sentía tener todo menos suerte.

Obviamente, esas mujeres con toda seguridad sabían algo que yo desconocía. El tema no variaba: disfruta ahora, pasa muy rápido. Cuando el control de la vida se te sale de las manos, es muy fácil perder de vista lo especial de ese momento. Pero ellas ya habían aprendido que cuando los hijos crecen y se van, los sentimientos de duda que experimentamos se disuelven hasta borrarse de nuestra memoria. Tuve que hacer un esfuerzo los primeros años, dedicando toda mi energía y comprometiéndome, pero esos comentarios se me quedaron grabados. Poco a poco llegué a un punto en el que empecé a disfrutar realmente a mis hijas, e incluso decidí tener *otro bebé*: mi pequeña planta de luz, Jay.

Actualmente, cuando voy a un supermercado (¡es increíble!) me veo haciendo comentarios sobre otros bebés preciosos y añorando los viejos tiempos. Cuando veo cuánto aman las madres a sus hijos pequeñitos, revive en mí el aprecio por la lucha y el gozo de la maternidad. Sé que todo lo que vivo ahora se convertirá un día en un recuerdo lejano, por lo que pongo plenamente mi atención en el intento de vivir este momento."

Una invitación a la introspección

Como resultado de eliminar comportamientos aprendidos que causan reacciones bruscas y de enfocarse en el ahora, nos volvemos mucho más autoconscientes. Aprendemos cuáles son nuestros disparadores y cómo dirigir nuestra mente para no vivir llenas de pensamientos improductivos, como pequeños resentimientos o el anhelo de un futuro idílico pero distante. Y observarnos a nosotras mismas y a nuestros hijos con mayor concentración y compasión puede conducirnos a algo sorprendente: ¡el reconocimiento de lo que pueden *enseñarnos* nuestros hijos!

Nada como un niño para forzarte a que te mires al espejo con detenimiento y dureza. Si todavía no tienes esta experiencia como madre, no tarda: tu hijo te sale con una frase, reacciona ante una situación o se mueve de una manera que te ves a *ti misma*. No cabe la menor duda de que ese hijo es producto de tu persona, tu educación y tu personalidad.

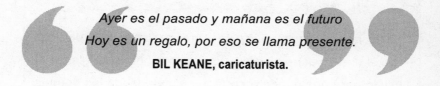

Ayer es el pasado y mañana es el futuro
Hoy es un regalo, por eso se llama presente.
BIL KEANE, caricaturista.

Nuestros hijos nos enseñan más de nosotras mismas de lo que podríamos aprender en toda la vida. Ponen en duda todo lo que pensamos que sabíamos de nuestra persona, de nuestra pareja o de la vida en general. En ocasiones tenemos éxito como maestras pacientes, llenas de recursos y consistentes ante nuestros hijos, pero a veces fracasamos. En los buenos tiempos y en los no tan buenos se revela lo mejor y lo peor de nosotras mismas. Nuestros hijos nos aman por todo lo que somos: lo bueno, lo no tan bueno y lo malo.

Por medio de nuestros hijos experimentaremos también cosas que habíamos enterrado mucho tiempo atrás. Esta revelación puede traer una serie de alegrías y de consecuencias inesperadas. Con su actividad escolar refrescan en nuestra mente la diversidad infinita y lo profundo de la vida: quizá hayamos olvidado todo en cuanto a la batalla de Bunker Hill o la emoción que sentimos la primera vez que leímos un poema de John Donne, o quizá ya eliminamos la angustia de la clase de gimnasia a los seis años. Es posible que algunos aspectos de nuestra infancia nos hayan resultado dolorosos (que nos molestaran, que reprobáramos, las dificultades con nuestros padres) y reestructuramos algunos de esos traumas y alegrías por medio de nuestros hijos.

SUSAN INTENTA REINVENTAR SU PASADO

"Faltaban unos cuantos días para el gran recital de *ballet* de Cole. Para el ensayo general, ella y yo pasamos horas arreglando el vestido para que quedara perfecto, acomodando los tirantes como un rompecabezas complicado y usamos todo un *spray* para que su chongo se viera impecable. Ya en el teatro, pasó horas junto a las otras lindas bailarinas, hasta que al fin la maestra llamó al grupo y todas las niñas saltaron al escenario.

Pero Cole, metida en su enorme traje de mariposa, estaba adherida a mí. No me soltaba por nada. Hice todo por no forzarla a subirse con las demás, pero quería que viviera la experiencia que yo tuve. Quería verla en el escenario. La presioné un poco y luego me di cuenta de que ése no iba a ser el gran día. Podía esperar hasta la función del día siguiente para ver a mi bailarina en acción.

De modo que al día siguiente repetimos las mismas actividades: pelo, maquillaje y vestido. La emoción crecía y llamaron al grupo de Cole para entrar en escena ante la multitud. Pero ella siguió aferrada a mí. ¡Me había prometido subirse al escenario! Era por ella que yo lo deseaba tanto. Pero no se iba a lograr, por lo menos ese año.

Al siguiente año Cole estaba entusiasmada por el recital. Aprendió con serenidad su baile y era una de las líderes del grupo. Pensé que esto era maravilloso para ella. Jamás olvidaría la grandiosa experiencia de estar sobre un escenario. Pero ya en el recital, con sólo mirarme, supe que se quedaría entre el público viendo bailar a sus amigas, sentada en mi regazo y que disfrutaría minuto a minuto.

Me quedó claro que se estaba convirtiendo en una persona independiente; sería ella quien se encargara de su carrera en el escenario. De hecho, creo que le complacía mucho su situación. Me percaté de que ella no era yo y de que no bailaría para mí. Cole ha bailado ya muchas veces frente al público y no le fascina, y tampoco tiene para ella mayor importancia si se sube al escenario o no. Para las dos, la experiencia de ir juntas a esa clase cada semana, durante años (disfrutando nuestra mutua compañía) ha sido el verdadero regalo que nos damos y que recibimos mutuamente."

Nuestros hijos nos retan también a repensar puntos de vista o rasgos de carácter que damos por sentados. Prestarle atención a lo que nos presiona puede ayudarnos a entender en qué *necesitamos* crecer y cambiar.

DEL PROBLEMA A LA SOLUCIÓN

Jennifer, madre de dos, en Pennsylvania

Jennifer tiene dos niñas. A Sue le encanta el teatro y Claudia juega *lacrosse*. Durante sus ensayos y entrenamientos, Jennifer acostumbraba esperar conversando o leyendo una revista. El día del ensayo de la obra de Sue, ella se reconoció en la notable conciencia personal de su hija: "Pensé: ¡Dios mío, esa soy yo! Reparé en mi propio comportamiento, en cómo me gusta ser el centro de atención y reflexioné si eso sería tan bueno." Más adelante, cuando Claudia, su otra hija, se encontraba en el entrenamiento de *lacrosse*, Jennifer vio un reflejo de su propia conducta competitiva y de su extremada energía en el estilo de juego de Claudia. "Al prestarle mayor atención a los detalles, sin estar distraída todo el tiempo, como se imaginarán, sentí que aprendía mucho de mi propia personalidad y de la de ellas. ¡Es algo inesperado y maravilloso!"

La práctica de la paz

La meditación puede darnos la clave para sumergirnos en el momento, enseñándonos a disolver esos terribles pensamientos de "chango" que tanta angustia causan. Cuando la mente se encuentra en calma, el cuerpo y el espíritu se pueden conectar con el presente sin interferencias, juicios ni temores. La meta principal de la meditación es llevar la mente a un sitio tranquilo, y para lograrlo debemos darle algo en qué enfocarse. A pesar de que es sumamente difícil alcanzar ese grado de concentración, los iniciados juran que no hay nada igual. En el número de enero de 2003 de la publicación *O, The Oprah Magazine*, el doctor Mehmet Oz, director del Instituto Cardiovascular del Centro Médico de la Universidad de Columbia, dice que "meditar baja la presión arterial y el ritmo cardiaco y contrarresta la secreción de hormonas que producen estrés, como el cortisol". No suena nada mal, ¿no te parece?

Lo que se busca en la meditación es separar las sensaciones de tu cuerpo de los pensamientos. Así se logra que la mente en turbulencia tenga un muy merecido descanso que produce grandes beneficios, como los siguientes:

▸ Reducción de la ansiedad e incluso de la depresión (que ayuda también a dormir mejor).

▸ Aprender a soltar, lo cual evita generar estrés y acumularlo; se acaban las palpitaciones y los pensamientos acelerados.

▸ Relajación profunda durante las horas de vigilia, con lo que aumenta la energía y el nivel de productividad y también mejora la concentración y la memoria.

▸ Calmar la mente para reducir (e incluso evitar) ciertos desórdenes psicosomáticos, como hipertensión, migraña, dolor de cabeza, asma y úlceras.

▸ Reducción del dolor crónico.

Si la mente queda vacía estará siempre lista para cualquier cosa, abierta a todo. En la mente de los principiantes existen muchas posibilidades, pero en la de los expertos hay pocas.
SHUNRYU SUZUKI, sacerdote zen.

Según un artículo de la revista *Time*, publicado en 2003, diez millones de estadounidenses practican periódicamente alguna forma de meditación (cifra que duplica la de la década anterior). Tú también puedes hacerlo, si cuentas con diez minutos ¡ahora mismo! A continuación te presentamos un método que nos enseñó una terapeuta física:

- Siéntate cómodamente en una silla recta. Cierra los ojos y empieza a enfocarte en tu respiración. Con la boca cerrada, con una ligera sonrisa, inhala y exhala por la nariz.
- Empieza a darte cuenta dónde termina la inhalación y dónde empieza la exhalación, y viceversa.
- Concéntrate en la pausa entre una respiración y otra. Nota que la pausa se alarga, lo mismo que las respiraciones. Percibe el bienestar que produce la relajación con tus respiraciones y la paz que te invade en este momento.
- Practica entre cinco y diez minutos. Cuando llegue algún pensamiento a tu mente, imagina que lo metes dentro de un cajón que luego cierras.
- Termina con un pensamiento positivo: con cada inhalación reconoce una bendición que haya en tu vida y con cada exhalación dale más energía o gratitud a esa bendición.

DEL PROBLEMA A LA SOLUCIÓN

Sasha, madre de tres, en Nueva Zelanda

El primer hijo de Sasha, Sam, presentó linfoma cuando tenía un año. Los siguientes cinco años Sam se sometió a constantes cirugías y tratamientos. Sasha dejó de trabajar para dedicarse a él y después tuvo otros dos bebés. A veces no sabía cómo podría manejarlo todo, parecía un tormento. Después descubrió el poder curativo de la meditación: "Digo mi mantra una y otra vez mientras respiro profundamente. Eso me ayuda a dormirme o a concentrarme en el día. Lo hago así, digo: 'Inhalo vida', al tomar aire, 'Exhalo amor', al soltarlo. Hago una pausa y cambio: 'Inhalo amor', al tomar aire, 'Exhalo vida', al soltarlo. Aunque parezca muy sencillo, ayuda a inhalar lo bueno y exhalar lo malo. Me ha permitido darme cuenta de lo que es importante y lo que no lo es".

Toma nota: no hay una forma correcta de meditar. Prueba una vez y acepta que cualquier paso que des es mejor a no hacer nada.

La Sociedad de Meditación de Estados Unidos cuenta actualmente con 108 lugares para meditar, los cuales aparecen en internet (se incluyen guías de imágenes, cantos y música u oraciones), de modo que no faltan técnicas para intentarlo. Recuerda los siguientes tres puntos y estarás en camino de disfrutar mucho más el proceso diario de ser madre:

▸ **Darse cuenta**. Mirar y ver.
▸ **Aceptar**. Dejar todo en paz.
▸ **Soltar**. Ser libre.

> *El presente nunca es nuestra meta: el pasado y el presente son nuestros medios, el futuro es nuestra meta. Por lo que nunca vivimos, sino que tenemos esperanza de vivir, y con la esperanza constante de ser felices es inevitable que nunca lo seamos.*
>
> **BLAS PASCAL, matemático.**

Muy bien, ¿y qué pasa cuando vivir el momento nos consume?

Francamente, cualquiera tiene momentos en que no disfruta ni a sus hijos ni a su esposo, y en los que el aquí y el ahora nos consumen. No tiene que ser a causa de una gran calamidad, puede deberse a algo tan sencillo como soportar el berrinche de un hijo en un lugar público o escuchar a los niños pelearse mientras intentas disfrutar una caminata en contacto con la naturaleza. Jean, madre de dos, en Virginia, dice que puede sentir las ondas de irritación y después el peso del enojo que la consume por completo cuando la situación se vuelve caótica. Es crucial aprender a evitar estas reacciones automáticas por medio de un descanso personal, pues a menudo previene de un desastroso desplome en las madres.

DEL PROBLEMA A LA SOLUCIÓN

Bárbara, madre de cuatro, en Texas

Sucede siempre que cuando Bárbara prepara la cena sus hijos tienen hambre, están cansados y empiezan a molestar. Les gusta hacer la tarea en la mesa de la cocina, pero a las 6:30 ya se sienten hartos de estar juntos. "Suelo ser tan tranquila y paciente. ¡Pero en ese momento exploto! Luego me siento muy mal, pero realmente no puedo evitarlo", se lamenta Bárbara. Sucedía con tanta regularidad y la desmoralizaba tanto, que decidió buscar un remedio. Pegó en la cocina una fotografía de sus hijos de cuando eran muy pequeños, de modo que ahora cada vez que parece que va a comenzar el pleito, Bárbara opta por mirar sus caritas sonrientes en la foto, lo que la hace perder la calma con mucha menos frecuencia.

De nuestras charlas con mujeres, presentamos aquí las tres formas principales para lograr una comprensión profunda de ti misma y de tus reacciones, para que no permitas que un mal momento te arruine el día:

1. Conócete a ti misma. Préstale atención al tiempo. Si en general estás agotada al final del día, asegúrate de que las cosas sucedan en calma, sin acumular demasiado en ese momento. Si hay algo en especial que te disguste y que acostumbra siempre hacer alguno de los niños, revisa cómo puedes aprender a aceptarlo o cambiarlo, y piensa si tal vez esté reflejando un aspecto de *tu propio* comportamiento que no te gusta.

2. Reorienta tu mente. Practica formas de sacar tu mente del momento para que entres de nuevo a la situación con mayor compostura. Las mamás que meditan o hacen yoga a menudo comentan que pueden alcanzar un estado de serenidad en momentos estresantes sin hacer un gran esfuerzo. Es cuestión de condicionar tu mente para que responda a ciertas actividades calmantes, como ejercicios de respiración o visualización.

3. Controla tu actitud. Toma la decisión consciente de funcionar con una actitud más positiva. Esto se puede aprender. A veces es cuestión de desviarse hacia algo mundano, como picar verduras o archivar papeles, hacia algo terapéutico. ¿Sabes lo reconfortantes que pueden ser algunas actividades monótonas, como correr?

Henrietta, madre de dos, en Florida, tiene una presentación de transparencias que pasa todo el tiempo como protector de pantalla en su computadora. Cada vez que cruza frente a su escritorio recoge un recuerdo. "Veo una imagen de Jack comiendo arena e inmediatamente aparece una de cuando terminó cuarto año. ¡Jamás me imaginé que todo pasaría así de pronto!", dice. Vivir el aquí y el ahora se relaciona con apreciar la vida y experimentar el momento presente, hace que salga lo mejor de nosotras y nos permite enfocar las cosas buenas que forman parte de nuestra vida diaria.

CONSEJOS DESDE LA TRINCHERA

▸ **Ponte de rodillas.** Muchas veces sucede que uno de nuestros hijos quiere hablar con nosotras y nuestra mente está en otro lado. En ocasiones perdemos una pequeñísima oportunidad de conectarnos con ellos, que sería mucho más significativa que las horas que pasamos transportándolos. La próxima vez que un hijo quiera decirte algo, ponte de rodillas. Míralo o mírala a los ojos; esto te ayudará a escuchar realmente lo que trata de compartirte.

▶ **Reconoce el valor del aburrimiento.** Cuando descubras que te sientes aburrida (por ejemplo, en un partido de tus hijos después de clases), trata de relajarte *enmedio* del aburrimiento. Enfócate en la dinámica del equipo, estudia el rostro y el cuerpo de los chicos y encuentra placer en lo efímero del momento. Presta atención a cómo se desaceleran tus pensamientos, a la relajación de tu cuerpo y al aprecio de la belleza de las pequeñas cosas que te rodean. Mucho les podemos enseñar a nuestros hijos al permitir que se enfrenten al aburrimiento; se harán más autosuficientes e imaginativos. Otra manera de ver el aburrimiento es considerarlo como una oportunidad de soltar nuestra lucha constante y encontrar reposo en los ritmos sencillos de la vida.

▶ **Descubre la dicha de compartir un interés con tus hijos.** Muchas mujeres nos comentaron el sorprendente descubrimiento que hicieron al empezar a compartir intereses con sus hijos. Recurrir a viejas pasiones (las aficiones que hicimos a un lado por dedicarnos a la profesión, los pasatiempos o deportes que disfrutábamos cuando nuestra vida tenía más libertad) y revivirlas con nuestros hijos puede ser muy gratificante. ¿Fuiste gimnasta, lectora de novelas de fantasía, nadadora o jugadora de ajedrez? ¿Te encantaban las películas viejas o la música para bailar? Sin embargo, ten cuidado de no presionar a tus hijos demasiado: nada más introdúcelos a las cosas que te gustan y ve qué sucede.

▶ **Celebra en voz alta y con frecuencia.** Asegúrate de señalar (a ti misma, a los niños y a tu esposo) las cosas buenas que están sucediendo *en el momento* en que suceden. Diles:

"¿No les parece una maravilla? ¡Estamos aquí juntos pasándola bien!", o "¡Qué bien, logramos sentarnos todos para una comida en familia!", o "Qué especial leer este cuentito tan gracioso todos juntos en la cama".

▸ **Participa en la relajación forzada.** Hay muchos momentos en que tu cuerpo se tensa sin que te des cuenta. Esa tensión se almacena el resto del día e invade tus pensamientos y acciones. La próxima vez que vayas manejando, relaja conscientemente los hombros. Muévelos hacia arriba y hacia abajo, y ¡asegúrate de que no los tengas levantados hasta la barbilla! No aprietes tanto el volante. Entrecierra los ojos una o dos veces, ejercita haciendo unas cuantas sonrisas amplias para ayudar a que se relajen los músculos de tu cara. Practica esto cuando hagas cualquier cosa en piloto automático.

▸ **Aprende a *compartimentalizar*.** Es sorprendente lo que podemos lograr cuando disponemos nuestra mente en algo. Practicando el arte de *compartimentalizar* nuestros pensamientos, podemos aprender a enfocarnos en el momento presente de modo más efectivo. Por ejemplo, cuando estás en el trabajo y piensas en tu familia, dirige tu mente hacia el asunto que tengas a la mano. Una manera de hacerlo es imaginando que subes el pensamiento a un coche y ves cómo se va. Cuando estás con los niños, mantente alerta de tus pensamientos para que apartes de tu mente las preocupaciones del trabajo. Al ser consciente de dónde están tus pensamientos, puedes cambiarlos de canal si es necesario.

▸ **Toma nota de la naturaleza.** La naturaleza tiene un modo de abrirnos los ojos a lo milagroso. Fíjate en algo de la naturaleza cada día, ya sea en los retoños de los árboles, en las nubes que se agrupan en el cielo o en el reflejo de tu rostro en un charco o en un lago. Incluso cuando la desesperación nos rodea o la irritación nos invade, siempre encontraremos belleza en el mundo natural.

▸ **Conéctate con un poder superior.** Aunque no seas una persona religiosa, haz la prueba de practicar un ritual calmante como rezar diario, tomarse de las manos antes de una comida en familia, ir a la iglesia, a la sinagoga o a la mezquita una vez por semana, o bien, repetirte a ti misma un mantra que puede ser: "Suéltalo". Entregarnos a la fe puede parecerle derrotista a algunos, pero para otros constituye la clave para aceptar los retos que enfrentamos. Muchas mujeres nos han dicho que cuando se reconoce un poder superior es más fácil soltar el dolor o la decepción y disfrutar de pequeños momentos diarios de gracia.

▸ **Ensúciate las manos.** Cuando tus hijos hagan un trabajo, quédate con ellos y háganlo juntos. O, ¡haz tu propio trabajo! Ensúciate las manos pintando piedras, mezcla yeso. Escribe tu propio cuentito. Haz un dibujo al carbón. A veces es una gran liberación permitirnos ser niños de nuevo, sin que nos preocupe qué tan bien esculpimos una obra de arte o lo perfecto que nos queda una naturaleza muerta. Hazlo sólo por diversión.

▸ **Reactiva tu curiosidad.** La curiosidad aporta algo muy energético y positivo. La próxima vez que alguien te cuente una historia no te limites a escuchar, también pregunta. Y después, haz más preguntas. Entrena tu mente para que vuelva a abrirse, para que absorba y anhele información. Si aprendes algo interesante un día, investiga un poco y aprende más sobre eso. ¿Has vivido preguntándote cómo es una fábrica por dentro, el estudio de un pintor o un barco? Encuentra un modo de experimentar las cosas que despertaban tu curiosidad de niña.

¡PUSE EN PRÁCTICA LOS CONSEJOS!

Nadia, madre de dos, en Massachusetts

"Por lo general no paso mucho tiempo al aire libre. Vivo en la ciudad y no hay áreas verdes cercanas. Por ello me parecía un gran reto enfocarme en la naturaleza. Una tarde levanté la cabeza y lo vi: era un atardecer maravilloso. Se lo hice notar a mi hija Lulú. Después empecé a ver a los pájaros (no eran palomas, sino auténticos pájaros) y había unas florecillas azules en una maceta cerca de una salida de emergencia. Hace unos cuantos días Lulú me jaló la manga, ¡para señalarme los colores del sol al atardecer! Fue precioso ver cómo se había filtrado mi apreciación en ella."

4

EL VALOR DE UN MOMENTO TRANQUILO

De vivir en perpetuo movimiento, a escuchar tu propia voz en silencio

¿Te parece conocida la siguiente escena? Justo al rayar el sol, Diane prende la cafetera, saca los trastes de la lavadora de platos y se sienta a escribir su lista de cosas por hacer en el día. "¡No se te olvide que debes llevar el permiso firmado para ir a la excursión!", le grita a su hijo, mientras unta mantequilla al pan tostado con una mano y sirve una taza de café con la otra, "y llévate tu playera de básquet, hoy hay juego". Baja corriendo al sótano para sacar los calcetines de la secadora y recoger un par de guantes que se quedaron en la escalera y la mochila... "¡Ay!, ya casi tengo que llevarlos a que los recoja el camión".

> *La inquietud y el descontento son las necesidades básicas del progreso.*
> **THOMAS A. EDISON, inventor.**

El teléfono suena, pero cuando contesta ya colgaron. "Apúrate", piensa, "ya casi es hora de irse." Mientras recoge los platos sucios, oye los recados en el teléfono inalámbrico. "Enseguida, vámonos": los niños a la parada del camión, la de tres años a la guardería y Diane al trabajo. A la hora del *lunch* se va a la librería a buscar un libro sobre cómo tratar a los padres con Alzheimer. De regreso a casa, se detiene en el súper y corre por los pasillos. Por su mente pasa a toda prisa la lista de cosas pendientes como una banda sin fin: "Que no se me olvide pagar la clase de piano. Llamar a mi papá cuando llegue a casa. Recoger mis lentes nuevos".

Ya que regresan los niños de la guardería, de casa de sus amigos o de hacer deporte, Diane revisa la tarea, deja la comida en la mesa y devuelve las llamadas telefónicas. Los berrinches y pleitos van y vienen. Tiene los nervios de punta. A su esposo se le hizo tarde. El pago de las cuentas tendrá que esperar hasta mañana, aunque terminen pagando intereses. No hay tiempo.

Este día no quedó ni un momento libre para la reflexión o para pensar sin ser interrumpida. El ritmo fue agobiante, ¡como siempre! Igual que a la mayoría de las madres, a Diane se le están cerrando los ojos mucho antes de que sus hijos tengan que irse a dormir. El tedio y lo predecible de estos rituales le provocan un ligero dolor de cabeza, como un zumbido. Diane se da cuenta de que se le olvidó comer, salvo por unos pedazos de *waffles* y de galletas que dejaron los niños. Ah, también probó un poquito de los *nuggets* de pollo. Otra nota mental: "Cocina alimentos más saludables".

Cuando despierta a las 2:37 am. del día siguiente, la cabeza empieza a darle vueltas de nuevo. No hay jugos para el *lunch*, olvidó llamar a su papá y necesita planear la fiesta de May. Le espera un largo día. Se pregunta cuándo llegarán las anheladas vacaciones.

Esta mujer necesita un descanso a toda costa.

Otra mamá, Abigail, sigue casi el mismo patrón: se levanta temprano a realizar las labores domésticas, pensando en las cosas que olvidó su hijo y que se complicaron. Naturalmente, se le hizo tarde. Pero cuando su hijo más chiquito tira el jugo, Abigail desacelera y se acerca a limpiar. Entonces observa la expresión de su carita; se ve tan mortificado que ella se ríe. Empieza a meter a la lonchera cosas compradas (ya no hay crema de cacahuate) y llama a la oficina de su esposo (para recordarle que pase a recoger la ropa de la tintorería); en ese momento llega el camión. Los niños salen a la puerta, con los libros en desorden y sin peinarse. Unos minutos después, la amiga de Abigail toca el claxon frente a la casa: esta semana cubre ella la ronda de la guardería.

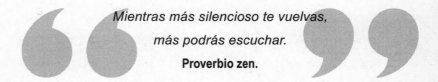

Mientras más silencioso te vuelvas, más podrás escuchar.
Proverbio zen.

Mira su reloj y se da cuenta de que le queda algo de tiempo antes de que salga el tren. Puede limpiar la cocina o revisar sus planes. Esta mañana al despertar decidió caminar a la estación en vez de llevarse el coche. Como el clima está mejorando, ésta se ha convertido en su rutina diaria. La idea de tomar aire fresco y frío durante 15 minutos (disfrutar el sonido de sus tacones golpeando rítmicamente el pavimento) hace que todas sus actividades le parezcan menos pesadas.

A los cinco minutos de caminata siente que se suavizan los músculos de su espalda a la altura de la cintura, que muchas veces le duelen. Tal vez escuche una nota dulce y larga que sale de alguna ventana o el silencio que resuena y le permite prestar atención a tomar aire profundamente y llenar sus pulmones, alimentando sus músculos con oxígeno.

Ya muy cerca de la estación, en el receso tranquilo de su mente le viene a la memoria algo maravilloso: una flor a la orilla del camino, imagen que vio rápidamente ayer, el cielo azul contra el mar alebrestado por el viento. Da tiempo a la imagen para que se forme y después la suelta. No hay desechos mentales acumulándose en su pensamiento; no hay listas de cosas que hacer, ni artículos que recoger de prisa ni trabajo doméstico olvidado ni demonios que le digan al oído que es una floja.

Mientras trabaja no pierde la paz. A la hora de comer lleva a arreglar los zapatos de Henry y pasa por las medicinas. Pero disfruta la caminata por la ciudad y oye el mismo *clic-clac* de sus zapatos que escuchó en la mañana. Abigail sabe que contará con 15 minutos para sí misma cuando se baje del tren y camine a casa.

Esta mujer ha logrado un momento tranquilo.

Intenta darse de manera consistente descansos mentales, para sentirse más aterrizada e iluminar con más energía positiva sus responsabilidades diarias.

¡Tómate sólo cinco minutos!

La realidad de nuestra vida como madres (con los pros y contras tradicionales o nuevos, si nos quedamos en casa o trabajamos, con uno o con cinco hijos), es que todas hemos experimentado las frustraciones diarias por no disponer de suficiente tiempo para hacer bien las cosas, o tener que estirarlo tanto que no podemos más y nos quejamos. A veces pasamos días, meses, semanas (incluso *años* en algunos casos) funcionando de este modo, preguntándonos por qué sentimos tan poca alegría en nuestra vida.

Muchas de nosotras hemos llegado a los límites de la salud y la felicidad antes de entender que un momento tranquilo no representa un lujo que necesitamos cada muerte de obispo, sino que es una necesidad frecuente.

Y, ¿qué significa exactamente *momento tranquilo*?

Un momento tranquilo es una ventaja, o eso piensa la mayoría de la gente. No constituye sólo algo a lo que tiene derecho una madre ocupada, trabaje fuera o dentro de casa. Si eres como la mayoría de las mamás de las que hemos hablado, *momento tranquilo* significa lo siguiente: sentirse culpable por tomarse un descanso. (*Culpa* es una palabra que nos gustaría eliminar de nuestro vocabulario, pero eso vendrá más adelante.) En cuanto nos damos un momento tranquilo para nosotras mismas, sentimos como si hubiéramos hecho una travesura, como faltar a la escuela sin permiso.

> *La felicidad no es una estación a la que uno llega,*
> *sino una forma de viajar.*
> **MARGARET LEE RUNBECK, escritora.**

De todos modos, esto no viene al caso porque no tenemos tiempo para hacerlo, ¿o sí? Estamos demasiado ocupadas como para quedarnos quietas. Todos nos piden algo y entre las labores domésticas, el trabajo, la comida y manejar, no nos queda ni un minuto para nosotras mismas.

LLAMADA DEL DESPERTADOR PARA ANA

"Iba al volante de mi coche camino a recoger a mi hijo de cuatro años a la casa de un amigo, cuando vi a la distancia las luces rojas de frenado: los coches se detenían en el camino. Miré el reloj y calculé que llegaría por Jay 10 o 15 minutos tarde. Había dejado el celular en casa. Tenía que comprar jugos. Iba vestida con mi ropa de trabajo y no me había podido bañar en la mañana por haberme quedado dormida. Me acompañaba un ligero dolor de cabeza que tuve que soportar todo el día y había quedado muy por debajo de tomarme mis ocho vasos de agua diarios. Tenía la boca como cartón.

Pocos meses antes había decidido regresar al trabajo, pero cometí un gran error: seguir con mi horario completo, confiada en que podría lidiar con todo. Ese día, al ir manejando, cuando vi adelante las luces rojas algo se disparó en mí. Se me empezó a acelerar el corazón, se me nubló la vista y me sentí débil. Me pasaron por la mente imágenes de que chocaba o de que me desmayaba al volante, por lo que me orillé cerca de un prado. Experimentaba una ansiedad devastadora. Entendí que debía hacer cambios fundamentales en mi vida. Era sumamente sencillo: trataba de hacer demasiado. No había visto el daño que me hacía a mí y a mi familia. El ritmo de vida que me había impuesto no dejaba tiempo ni para convivir con mis hijos.

Un domingo, poco después de vivir otra de esas experiencias de angustia, estaba sentada en la iglesia con los ojos cerrados, mientras los niños murmuraban a mi lado. Empecé a concentrarme en mi respiración… dentro… fuera… dentro… fuera, y fui consciente de que me sentía calmada y en paz. Lo volví a hacer para escuchar de nuevo mi respiración.

Cuando regresamos a casa me percaté de que no quería revisar la lista de cosas qué hacer y lo único que quería era estar con los niños y con Bruce. Salí al patio y me senté en el muro de piedra. Estuve cerca de 20 minutos únicamente mirando a los niños saltar en el trampolín. Luego me metí para limpiar un poco la cocina y me di cuenta de que me movía con más lentitud. Empecé realmente a disfrutar el proceso y el tiempo en mi casa.

Decidí que en mi trayecto de ida y vuelta al trabajo intentaría encontrar la misma sensación de paz. Dejé el BlackBerry, apagué el celular y guardé la agenda. Encontré mi asiento en el tren y empecé a respirar… dentro… fuera… dentro… fuera. Volví a experimentar lo mismo: una sensación de paz interior. Pensé: Si hubiera sabido lo bien que se siente, hace mucho que hubiera empezado a practicarlo en mi vida de madre. ”

A veces nos damos un momento tranquilo en secreto. Nos sentamos un minuto frente a la televisión, sabiendo que debíamos levantarnos a lavar los platos, hacer las citas de los niños o leer el periódico en vez de estar ahí sentadas, pero al parecer ya no podemos más. El yoga nos hace sentir paz, pero toma muchísimo tiempo. En la noche, cuando se duermen los niños, una cerveza o una copa nos compensa muchas veces la falta de calma que vivimos en el día. Encontramos soluciones temporales que en realidad no son soluciones, sino intentos de tapar el sol con un dedo.

DEL PROBLEMA A LA SOLUCIÓN

Deidre, madre de tres, en Illinois

Deidre trabaja el primer turno en un negocio familiar y le queda una hora libre antes de que los niños lleguen en el camión de regreso de la escuela. Recoge los platos llenos de migajas del desayuno, tiende las camas y pone la ropa a lavar. Cerca de las tres de la tarde se siente ya muy cansada. Decidió entonces hacer un experimento: en vez de usar este tiempo sola en tareas domésticas, se prepara una taza de té para ver su programa de televisión favorito, grabado la noche anterior. "No dura mucho tiempo, pero realmente siento que me relajo. Cuando los niños llegan a casa, me siento más tranquila", confiesa. Ahora arregla la casa cuando regresan los niños. Incluso ha logrado iniciar el hábito de que ellos hagan sus camas y bajen la canasta de la ropa sucia.

Entonces, ¿qué queremos decir en realidad al hablar de *momento tranquilo*? No se trata de esos momentos apresurados que metemos a fuerza entre todo lo que llena nuestra vida. Lo que sugerimos es que en verdad te des a ti misma un descanso (de 10 minutos, una hora o un día) cuando:

- decidas qué hacer con tu tiempo. Haz lo que *quieras tú*, no lo que otros *esperan* que hagas.
- te escapes temporalmente de tus papeles de madre, esposa o profesional para ser, sencillamente, tú misma.
- te hayas dado permiso de no hacer nada: de *ser* y no de *hacer*.
- le permitas a tu cuerpo y a tu mente relajarse.

Algo importante que descubrimos en nuestro camino de amigas y de madres durante la época de trabajo intenso es que un momento tranquilo significa cosas totalmente diferentes para cada mujer. Por ser una persona sumamente ocupada, Anne encuentra su momento diario de paz enmedio del agitado ir y venir de su vida. Susan ve su coche como un refugio y a veces llega temprano a donde va para quedarse en el auto a oír la radio en paz. Katrin busca salidas creativas para seguir encontrando placer en su trabajo y en su vida doméstica.

Callar las críticas interiores (y exteriores)

Las tres sabemos por experiencia propia que tomarnos descansos de nuestro papel de madres constituye una necesidad. Pero, a decir verdad, a pesar de que la mayoría de las mujeres de nuestros grupos de enfoque reconocían la necesidad de hacer una pausa, pocas veces lo practicaban. Después de todo, las madres que toman tiempo para sí mismas, abandonando sus obligaciones para enfocarse en sus necesidades personales, son personas egoístas y caprichosas, ¿o no?

KATRIN SE ENFRENTA A LOS MOSQUITOS ASESINOS

"Acababa de terminar mi primera novela y estaba en busca de ideas para mi siguiente libro. Como tenía poco tiempo viviendo en esa ciudad, no conocía a ningún escritor u otro tipo de artista en la zona. Escribir se estaba convirtiendo en un trabajo muy solitario.

Entretanto, acababa de tener a mi tercera hija, Svenja, una preciosidad que no me dio ningún problema, pero que provocó que Greta, mi hija de tres años, quedara como poseída: me hablaba todo el tiempo, se cortaba sola el cabello, pintaba las paredes y destruía mis cosas.

Una noche, a la hora de la cena, Greta no dejaba de llorar. Como me distraje retirando los platos, no le hice caso y eso no le gustó. Cogió su plato con comida y lo tiró al suelo.

Logró llamar mi atención.

Tenía dos opciones: darle de nalgadas o echarme a correr. Escogí la última. Me salí por la puerta trasera y me fui al bosque. Los mosquitos parecían aviones. Escondida entre los arbustos veía la ventana de la cocina. Lo único que se oía era la voz de Greta (aparte del zumbido de los chupa sangre).

Ese fue un muy mal momento para mí. Sentí que fracasaba como madre y se desvaneció la sensación de éxito que solía sentir por mi trabajo.

Ese fin de semana mi cuñado me regaló una gran cantidad de material que guardaba de la época en que estudió pintura, entre otras cosas trozos de vidrio, plomo, herramienta para cortar y soldadura. Arreglé una pequeña mesa para mí en el sótano. Me pasé unas cuantas horas trabajando hasta tener en las manos una pieza artística para mostrarla, tocarla y disfrutarla. Qué maravillosa sensación la de saber que en este caso el esfuerzo equivalía a los resultados. No siempre es así con la escritura o la maternidad.

He hecho muchas piezas tipo vitral. Lo metódico del proceso me ayuda a relajarme y a tener algo tangible que mostrar, a la vez que esta actividad me permite abordar mi trabajo de escritora con más confianza. Saber que puedo acceder a ese sentido de satisfacción con tanta facilidad me da una base firme para ejercer desde ahí mi papel de madre."

Quizá sientan que esta idea empieza a parecerles conocida: adopten un poco de egoísmo. Así se sentirán mejor y, de todos modos, ¿a quién le importa lo que piensen los demás?

Desde el primer segundo en que la mayoría de las mujeres deja de hacer algo productivo, empieza la culpa. Te estás tomando un descanso, pero ¡deberías estar trabajando! ¿Por qué estás de floja?, deberías estar ocupada siempre con algo constructivo. ¿Por qué? Porque nos enseñaron a creer en eso. Buscamos un momentito por aquí y por allá, en espera de la gran recompensa en algún punto del camino: cuando los chicos se vayan a la universidad, cuando nuestra carrera exija menos o cuando ganemos la lotería y no tengamos que preocuparnos por el dinero.

DEL PROBLEMA A LA SOLUCIÓN

Marie, madre de cuatro, en Georgia

Marie era inseparable de su BlackBerry. Sonaba, pitaba y parpadeaba enmedio de una junta de negocios, de la comida en familia, de una conversación con una amiga íntima, en el campo de futbol, cuando salía a cenar con su esposo, al llevar a los niños a sus actividades o estando de vacaciones; y Marie siempre respondía.

Un día se metió a su baño diminuto a teclear algo en el Black-Berry, porque los niños se enojaban cuando la veían trabajando con él. Sentada al borde de la tina, de pronto se dio cuenta de que era una ridiculez. "Decidí oír verdaderamente lo que me decían los niños", explica Marie. Empezó a dejar en el coche el BlackBerry al llegar a casa y lo apagaba mientras los niños iban con ella en el coche. "Eso nos ha ayudado mucho a mí y a los niños para tener más paz."

Pero hay algo muy importante: tal vez nunca llegue la recompensa. Quizá nunca haya una época mágica en el futuro, libre de preocupaciones, para disfrutar momentos de paz sin culpa, porque no sobrevivirás a la maternidad sin resquebrajaduras. Este asunto es muy extraño: a veces ni siquiera te das cuenta de qué necesitas o qué quieres por estar tan ocupada. Y es que nos *gusta* estar ocupadas y sentirnos útiles. Después de todo, tenemos logros y salimos adelante. Con eso nos sentimos bien, hasta que se acaba.

Una actitud positiva quizá no resuelva todos nuestros problemas, pero le molestará a suficientes personas como para que valga la pena hacer el esfuerzo.
HERM ALBRIGHT, escritor.

Una mañana en que alguien tira el jugo, gritamos y la intensidad de nuestro enojo nos toma por sorpresa. Uno de los niños contesta feo y sentimos un impulso de pegarle. (¡Ay, lo sabemos, a todas nos ha pasado!) Vamos en el coche a nuestra siguiente cita y de pronto rompemos en llanto. Seguimos adelante como autómatas, haciendo todo bien, pero incapaces de sentir mayor emoción, salvo una vaga sensación de enojo y cansancio.

Mientras más hacemos, más tenemos que hacer. No hay manera de llegar a la cima.

El ritmo del trabajo no se detendrá, si no lo detenemos nosotras

En términos cotidianos, incluso sin el ruido que nos rodea (la tecnología, los coches, los medios de comunicación, la prisa constante de la acción), tenemos muchísimo que hacer como madres. A veces parece que nuestras listas de cosas por hacer nunca se reducen al ir eliminando puntos, si no que crecen exponencialmente.

Consideren lo siguiente: desde el día en que nacemos nos dicen que es un pecado ser perezosas. Nos enorgullece formar una sociedad de trabajadoras. Pero, ¿qué recompensa recibimos? El alarmante aumento en la tasa de consumo de pastillas para dormir nos dice a gritos y con toda claridad que para muchas de nosotras se ha vuelto cada vez más difícil relajarnos. De acuerdo con el National Institute of Health, hasta 40 por ciento de los adultos en Estados Unidos tienen problemas para dormir. De modo que no es de sorprender que las farmacias hayan surtido 43 millones de recetas de fármacos para dormir en 2005 (cifra que ha aumentado 32 por ciento en sólo cuatro años, según *Consumer Reports*). La mente, sin medicación, se atora en doble tracción y no logra descansar. Sin embargo, nuestro cuerpo *necesita* descanso. (¿Sabían que impedir el sueño es una de las formas de tormento más efectivas?) Llega un punto, aunque nuestra mente no lo haya registrado, en que nos rompemos física y mentalmente.

> *Es muy gratificante sentirte culpable si no has hecho nada mal. En cambio, es bastante duro y muy deprimente admitir la culpa y arrepentirse.*
> **HANNAH ARENDT, filósofa.**

Así es, nos dicen una y otra vez que más es mejor. Las tres estamos seguras de que caímos en *esa* trampa: seremos más "felices" y más "exitosas" si hacemos más y tenemos más. Una vida social más activa nos hace sentir más conectadas. Tener más juntas en el trabajo es signo de cuánto nos necesitan. Ir a más lugares durante el día significa que somos activas, comprometidas y que vivimos la vida con plenitud: Pero todo eso es ilusión. Mientras más ocupadas estemos menos capaces seremos de saborear los aspectos sencillos de la maternidad (y de nosotras mismas) que tanta alegría nos producen.

Sabemos que al estar en calma y centradas nos convertimos en mejores seres humanos. Sin embargo, persistimos en hacer a un lado nuestras necesidades, poniéndonos nosotras mismas en riesgo y también a nuestras familias. Las siguientes son sólo algunas de las consecuencias negativas que generan el no permitirnos un momento tranquilo:

- ▶ **Agotamiento físico.** Sufres dolor de cabeza, de espalda y de estómago. Al final de un largo día, Katrin suele tener dolores que le parten la cabeza. Ya aprendió que eso indica con claridad que debe revisar su horario y eliminar la mitad de las actividades.
- ▶ **Pérdida de capacidad mental.** Leah, mujer de negocios de Massachusetts, nos dijo que si no se da un momento de paz le es imposible concentrarse en las juntas. Incluso pasar en soledad únicamente diez minutos al día o en alguna actividad que elija le ayuda a mantener la agudeza de su cerebro.
- ▶ **Impaciencia.** ¿Quién no ha sentido un acceso de irritación ante una pregunta benigna o quién no le ha dado una nalgada a un niño por una equivocación menor? Susan reconoció que cuando se sentía alterada ante sus hijos, era hora de *darse* un descanso.

▸ **Relaciones tensas.** Cuando estamos cansadas, irritables y tendemos a discutir, afectamos nuestras interacciones con la familia, los amigos, los compañeros de trabajo, el marido, los maestros y nuestros amados hijos (en otras palabras, con todos).

▸ **Mal modelo para nuestros hijos.** Los niños aprenden de nuestro ejemplo y sienten el ritmo que imponemos. Las madres son el pulso del hogar.

La culpa es sólo una enorme excusa

Aunque casi cualquiera reconoce los efectos negativos de funcionar con un sentimiento de vacío (y los efectos positivos de sentirse apreciada y centrada), cantidad de madres que andan por ahí no logran hacer realidad el momento tranquilo. ¿Por qué? Casi 100 por ciento de las mujeres con las que hablamos citaron dos razones. La primera es que sencillamente no creen contar con tiempo libre. Pero la segunda es más importante: se sienten culpables. De acuerdo con la encuesta realizada en 2006 por *ABC News*, 52 por ciento de las madres dicen que sufren de culpa en su papel maternal, porque de manera general les preocupa no pasar suficiente tiempo con sus hijos.

Nos sorprendió ver cuántas mujeres aceptaron la culpa como factor de la vida de una madre (continuarían sufriéndola, incapaces de deshacerse de ella). Muchas de nosotras creemos que debemos sacrificarnos por nuestros hijos y nuestras familias, y que de no ser así fracasamos en nuestra misión principal, por lo que no tardamos en sentir culpa si nos tomamos el menor tiempo libre. Si fallamos en el intento de hacer algo bien (en especial lo relacionado con niñitos impresionables, vulnerables y llenos de necesidades), el resultado es siempre la culpa. Pero hay una razón más aguda que nos hace sufrir y que es muy difícil enfrentar.

De hecho, la culpa nos hace sentir mejor. Es una forma de hacer lo que queremos, justificándonos ante nosotras mismas. Si por lo menos nos sentimos culpables de haber hecho algo egoísta, la acción en sí resulta menos mala. Claro que parece una contradicción (¿quién quiere sentirse culpable?, se preguntarán). Pero siendo extremadamente honestas: ¿qué tanta culpa experimentas por cosas que sabes que no valen la pena? La razón por la que sigues escapándote de vez en cuando a comer con las chicas o a ver una película tonta en vez de arreglar las cajas de la mudanza es la siguiente: lo necesitas. La culpa es una emoción que suele ser más dañina que la acción que la produce en primera instancia. Perder el tiempo y la buena voluntad permitiendo que la culpa se instale por asuntos menores resulta sencillamente destructivo. Constituye sólo una excusa para no cambiar de comportamiento.

DEL PROBLEMA A LA SOLUCIÓN

Linda, madre de tres, en Arizona

Un día Linda pensó que se estaba volviendo loca. Se encerró en el coche y subió la música a todo volumen. Al transmitir unos minutos empezó a sentirse mejor. "Pero después me sentí muy ansiosa. Incluso, en mi desajuste total, ¡empecé a sentirme culpable de estar sentada sin hacer nada!", advertía. Así que decidió hacer un experimento: cuando sentía que estaba perdiendo la calma, se daba un descanso midiéndolo con el reloj del horno.

Después les decía a los niños que se iba a meter al coche 10 minutos y que no la molestaran a menos que se estuviera incendiando la casa. Con la música a todo volumen, cerraba los ojos. Descubrió que era una fórmula excelente para sacudirse el mal estado de ánimo, y ahora a sus hijos les encanta hacer bromas sobre los cada vez más frecuentes ¡descansos de mamá!

El dilema de la madre que trabaja

Las madres que trabajan llevan siempre sobre su espalda el peso de la culpa, asunto que merece atención. Si ves en los ojos de tus hijos el deseo inalcanzable de pasar más tiempo contigo, ¿cómo no vas a sentirte culpable? El punto aquí no es tanto si la culpa está garantizada o si resulta útil, sino cómo se puede solucionar. ¿Cómo puede una madre ocupada y amorosa, que trabaja fuera de casa, encontrar la manera de cuidarse a sí misma, si pasa tantas horas del día trabajando fuera? Si de todos modos le quita tanto tiempo a la casa y a la familia, ¿necesita en realidad descansos personales?

Denise, de Washington, D. C., madre de un niño pequeño, nos compartió lo siguiente: "Siempre me siento estresada en el trabajo; tengo una rutina implacable y constante. Cuando llegan las vacaciones, sueño con jugar golf y no con andar detrás de mi pequeño. Pero, ¿cómo lo justifico si me ausento tanto tiempo?" Al respecto existe con frecuencia una tensión notable entre las madres que se quedan en casa y las que salen a trabajar. Las mamás que trabajan ven a las afortunadas mujeres que se quedan en casa con sus hijos con una combinación de celos y desprecio. *Ellas* no tienen que irse a trabajar; se relajan yendo al parque, lavan algo de ropa, toman café con sus amigas y ayudan con las tareas. ¡Son dueñas de su tiempo! Las madres que se quedan en casa, por su parte, sienten que deben justificar su existencia porque al parecer no tienen logros que puedan medir a diario. Para ellas, las que trabajan son afortunadas porque entran todos los días al santuario de la oficina, llena de adultos, con una motivación para vestirse bien y aplicar su cerebro en algo diferente a buscar el zapato que falta.

> *Dentro de ti hay una quietud y un santuario al que puedes entrar en cualquier momento para ser tú misma.*
> **HERMANN HESSE, novelista.**

Sin duda, cada forma de abordar la vida (y la maternidad) tiene sus méritos y emitir juicios comparativos no ayuda a resolver el problema de la culpa. Todas somos mujeres que intentamos hacer un buen papel como madres. Trabajemos o no, creamos que tenemos tiempo "libre" o no, una prioridad para las madres es encontrar la manera de salir momentáneamente del caos.

¿Cómo se supone que podemos salirnos?

La única manera de persuadirte de que tu momento tranquilo no es opcional, sino necesario, es enfrentándote a las razones por las que no cuentas actualmente con ese momento. Ya hemos escuchado una por una esas razones en los grupos de enfoque que formamos. Y créanlo, las conocemos personalmente porque durante nuestra década de amistad nos hemos quejado mutuamente hasta la náusea con todas y cada una de estas excusas:

SUSAN SE COMPLICA SOLA

"Al entrar a mi cocina lo primero que ves es mi calendario. Ocupa la mitad de la pared. Es de los que se borran con un trapo húmedo, de modo que puedes acomodar casi cualquier cosa dentro del mismo espacio. Por lo general está repleto de mensajes con códigos de color, citas y notas. Yo estaba acostumbrada a hacer esos malabarismos en la oficina y ahora que estoy en casa me gusta saber con exactitud quién me necesita, cuándo y dónde.

Unas cuantas primaveras atrás, mi tía y yo salimos a una caminata. Como ella era consejera de vida, siempre me escuchaba con paciencia para luego comentar algo nuevo para mí que me hacía ver las cosas con otra perspectiva.

Me acababan de hacer una operación en la rodilla y cojeaba al caminar. Iba hablando de mi trabajo. Mi discurso se prolongó tal vez 20 minutos sin parar en torno al trabajo con los niños, con los maestros, del arreglo de las recámaras, de hacer comida más saludable y demás.

Cuando terminé, se me quedó viendo. 'Susan', me dijo con dulzura, '¿de qué trabajo hablas?'

Me descontroló un poco su pregunta y respondí: 'Pues del trabajo de llevar una familia. Tú sabes que es trabajo. Es duro.'

Negó con la cabeza. '¿Por qué trabajas tan duro?', me preguntó. '¿Qué pasaría si dejaras de trabajar?'

Pensé en lo que ella trataba de decirme: ¿Por qué le decía trabajo a todo lo que hacía? ¿Por qué me desgastaba trabajando tanto? ¿Qué era lo que estaba tratando de probar? ¿Y a quién? Si cambiaba mi punto de vista (es decir, las palabras que empleaba), ¿cambiaría mi vida? Me di cuenta de que estaba perdiendo piso trabajando tanto y mi salud estaba en riesgo por tratar de complacer a otras personas.

Decidí intentar algo nuevo sobre lo que había leído. Puse el despertador un poco más temprano al día siguiente para probar la meditación. Muy lentamente me paré de la cama; la casa estaba en silencio (los niños seguían dormidos y mi esposo había salido un buen rato antes). Me tendí en el piso y empecé a enfocarme en mi respiración mientras despertaba. Inhalé y exhalé profunda y con lentitud varias veces, verdaderamente concentrada en mi respiración y tratando de permanecer relajada. Cuando empecé a despertar, mi mente comenzó a saltar hacia una y otra de las cosas que debía hacer, y tuve que concentrarme en verdad para mantenerla libre y en blanco.

Luego de haber hecho la meditación de la mañana durante varios días seguidos, me acostumbré. De hecho, antes de acostarme cada noche pensaba en cuánto disfrutaría el momento al día siguiente. Ahora en mi calendario hay más espacios en blanco y más recordatorios para mí de que debo tomar todo con calma."

- No hay tiempo para eso.

- Insistir en que necesitamos tiempo para nosotras nos hace sentir caprichosas y egoístas. No nos gusta que los demás piensen que necesitamos algo.

- Es difícil no sentirse culpable por tomar descansos y como la culpa es muy molesta, preferimos ignorar nuestras necesidades.

- Nadie entiende que necesitamos momentos de tranquilidad. Los esposos creen que no los necesitan; entonces, ¿por qué nosotras sí? Claro que nuestros hijos piensan que tampoco los merecemos. Y estamos demasiado cansadas para justificar nuestros descansos.

- Queremos ser todo, para todos, todo el tiempo. Admitir que no podemos lograrlo sin consentirnos, nos hace sentir débiles.

- Dado que estamos en casa con los niños, sentimos la necesidad de justificar nuestra existencia con trabajo constante.

- Como trabajamos fuera de casa, queremos pasar todo el tiempo libre que se pueda con nuestros hijos, y si no es así sentimos que los defraudamos a ellos y a nosotras mismas.

- Si asumimos un estado de quietud, tenemos que enfrentar a nuestros demonios internos, que nos asustan mucho. Pero estando ocupadas siempre, jamás confrontamos lo que realmente sucede en nuestro interior.

- Es demasiado caro pagarle más tiempo a la niñera sólo para ponernos en contacto con nuestro yo interior.

Heike, madre alemana de dos, nos dijo que su esposo viaja toda la semana, de modo que tomar tiempo para ella el sábado y el domingo es injustificable, pues significa más tiempo lejos de *él*.

Toda mujer encontrará miles de excusas que parecen razonables para no enfocarse en sí misma. Pero a la larga, eso es lo que encamina al fracaso.

> *Luego pensé en leer: la amable y sutil felicidad de leer... gozo que no termina con los años, este vicio decente e impune, esta intoxicación egoísta, serena y vitalicia...*
> **LOGAN PEARSALL SMITH, escritor.**

No hay tiempo para relajarse: seguramente eso es lo que hemos sentido. A continuación te ofrecemos algunas de las estrategias que hemos aplicado, tal vez te ayuden:

- ▶ **¿Qué funciona?** Elige un puñado de actividades que te hagan sentir paz. Algunas pueden ser rápidas, otras prolongadas. Se trata de lo que funciona para ti. Adele, madre de dos, en Boston, descubrió que le encantan los rompecabezas porque la parte metódica de armarlos conlleva calma mental.
- ▶ **¿Cuándo hacerlo?** Genera una lluvia de ideas de posibles paquetes de tiempo. Seguramente tendrás que depurar tu lista de cosas qué hacer diario. ¿Puedes levantarte un poco más temprano, hacer la pausa de la hora del *lunch*, desaparecer mientras los niños hacen la tarea o mientras tu esposo

levanta los trastes de la cena, limpiar menos, manejar menos, hacer menos compromisos familiares o ponerte de acuerdo con una o dos amigas, alternándose el cuidado de los niños, para que cada una tenga tiempo para sí misma?

▸ **Pide apoyo.** Explícale a tu pareja que esto es importante para tu bienestar y dile la manera en que él o ella puede ayudarte. Platica con tu pareja acerca de las múltiples formas en las que darte tu tiempo te convertirá en mejor madre y compañera. Pide a tus hijos que te apoyen, y dales ejemplos concretos de lo bien que se han sentido cada vez que han tenido oportunidad de participar.

▸ **Reparte amor.** Asegúrate de que todos reciban los beneficios de tu nuevo yo, centrado y lleno de energía. Di "gracias" muchas veces; muestra tu gratitud con generosidad.

▸ **Ponlo en tu horario.** Marca tu momento tranquilo en un calendario familiar.

▸ **Analiza tus actos.** Si estás cayendo en el patrón de saltarte el tiempo que programaste para estar sola, pregúntate por qué. ¿Escogiste alguna actividad que no es la más adecuada para ti? ¿Estás tratando de ser "buena" en vez de hacer lo que realmente quieres?, lo cual puede ser *absolutamente nada*, ¡eso también cuenta!

A veces las mujeres hacen conclusiones incorrectas sobre por qué es imposible contar con un rato de paz. Quizá ni siquiera saben qué las haría sentirse bien. Con frecuencia piensan que no cuentan ni con diez minutos para sí mismas, cuando en realidad lo que necesitan es pensar de manera creativa. Kristen, de Delaware, se dio cuenta de que podía tomarse 15 minutos en la noche para meterse a la tina si la llenaba mientras leía a sus dos hijos, con el beneficio adicional de tener una disculpa para terminar después de uno o dos cuentos.

Para algunas mujeres el esfuerzo que hacen para encontrarse a sí mismas, tomándose descansos en su maternidad, puede convertirse en un proceso que les abra los ojos. Con el paso de los años, muchas mujeres crecen definiéndose a sí mismas a través de sus hijos o de su trabajo, y cuando se enfrentan a un gran espacio en blanco en su horario tal vez no les gusta lo que ven: vacío en su interior, falta de sentido o propósito y ausencia de intereses. Nos cruzamos con una madre de tres cuya vida sería el anhelo de muchas personas (un departamento maravilloso en Nueva York, niños preciosos, coches bonitos, mucho dinero para remodelaciones, vacaciones y espléndidas salidas a cenar); sin embargo, se siente tan perdida cuando sus hijos están en la escuela que entonces se la pasa de compras. Carmen, madre de dos en Indiana, comentaba: "El aburrimiento es formativo. Cuando me aburro, estoy forzada a ver dentro de mí a profundidad, lo cual me hace mucho bien".

Volver a lo básico

Redescubrir los viejos pasatiempos puede darte muchas maneras de tomarte un descanso de la realidad cotidiana y disfrutar de un momento tranquilo. ¿Alguna vez te fascinaron las películas? Inscríbete a un servicio de renta de DVD en línea y ve una película cada semana. ¿Te encantaba irte a un café y sentarte a escribir en tu diario? Deja a los niños más temprano y date media hora para tomarte un *latte* y leer el periódico. Cuando eras joven, ¿te encantaba el tenis? Júntate con una amiga para jugar una vez a la semana.

Para algunas mujeres, una actividad tan sencilla como archivar papeles, hacer el balance de la chequera, hacer cuentas o limpiar un cajón puede resultar inmensamente gratificante y aportarles paz. La clave radica en descubrir lo que te funciona.

Explora diferentes maneras de encontrar actividades que te gusten, y presta mucha atención a cómo te sientes (puedes escribir sobre esto en tu *Cuaderno de trabajo de la mujer*). Cuando haya algo que no te convenza, prueba con otra cosa. Empieza poco a poco y avanza. Cuando encuentres algo que realmente te calme, lo reconocerás de inmediato.

Sólo piensa en el regalo que recibirán tus hijos de esta forma: ver que te separas del estrés de tu día de trabajo conscientemente les enseñará maneras de enfrentarse a las tensiones de su propia vida.

DEL PROBLEMA A LA SOLUCIÓN

Elise, madre de dos, en Washington, D. C.

Elise, actualmente es pediatra, fue rockera en los viejos tiempos, por lo que decidió que tenía una necesidad imperiosa de vivir con música. Le llamó a varios amigos de antaño y ahora cuenta con una banda que se reúne cada mes a ensayar en el sótano de su pequeña casa. No es nada especial: tocan apretados entre cajas, tuberías y polvo. Pero todos los hijos de los integrantes de la banda juegan arriba, mientras los adultos, abajo, hacen el escándalo que quieren. "Tan pronto tomo la guitarra siento que mis músculos se van relajando. ¡Es como volver a la adolescencia!", asegura.

Toda madre quiere que sus hijos descubran quiénes son y que vivan esa vida en plenitud, con pasiones distintas a las de la escuela y entendiendo cómo manejar el ritmo incesante de la vida. El aprendizaje de esas habilidades empieza en casa contigo: con la madre satisfecha y relajada.

 Sé más espléndida, más extraordinaria. Usa cada momento para llenarte a ti misma. **OPRAH WINFREY, conductora de televisión.**

CONSEJOS DESDE LA TRINCHERA

▸ **Programa una cita semanal contigo misma.** Julia Cameron, oradora y escritora inspirada, habla de tener "citas del artista" con nosotras mismas. Esto implica determinar cuál es la actividad pacífica y solitaria que nos hace felices (ir a una librería, andar en bicicleta, ver una pintura) y darnos permiso de disfrutar esta actividad *una vez por semana*. Cameron comenta que si haces y mantienes esta cita de entre una y tres horas cada semana durante dos meses, no tardarás en redescubrir la sensación de vitalidad y paz.

▸ **Busca un deporte tranquilo.** ¿Qué tan seguido te has metido a hacer ejercicio? O bien, después de correr un largo trecho, en vez de sentirte llena de energía, ¿estás rendida hasta el agotamiento? ¿O eres una vaca echada, que te asustas con las actividades de los jóvenes porque te parece que no son de tu tipo? Considera invertir algún tiempo en una actividad física tranquila y saludable, como yoga, pilates o caminata, lo cual puede alimentar tu mente y darte descanso, mientras hace despertar suavemente a tu cuerpo.

▸ **Disminuye los niveles de ruido en casa y en el coche.** El estar acostumbradas a que la televisión esté prendida todo el tiempo no significa que no podamos vivir sin ella. Haz el experimento de apagar la televisión durante una semana. Aunque quizá al principio los niños se pondrán a patear y a gritar, terminarán por llenar su tiempo con otras actividades. En ocasiones, al ir en el coche, los prolongados anuncios de las estaciones de radio o la música estridente, junto con el escándalo de los niños, llegan al punto de volverte loca. Apagar el ruido de fondo puede reducir de inmediato el estrés.

▸ **Lee el periódico todos los días.** Es hora del desayuno y los niños exigen su jugo, están terminando la tarea o lloran porque tienen el cabello enredado; quisieras tener ocho brazos. Intenta algo radical. ¿Qué pasaría si cuando llegan a la mesa el jugo y el cereal están listos y tú estás sentada tranquilamente leyendo el periódico? Apaga la televisión y la computadora y entérate de las noticias por el diario. Cuando los niños pidan una cuchara o pregunten dónde está su chamarra, míralos con toda calma, apartando la vista de tu artículo y diles: "Mi amor, estoy leyendo el periódico".

▸ **Designa un cuarto como zona de silencio.** Con frecuencia nuestra casa o departamento se ve invadido por el ruido y los objetos de los pequeños. Es muy válido reservar un pequeño espacio para ti misma donde puedas tener tranquilidad. Quizá sea un sillón cómodo, o tu baño, donde absolutamente nadie pueda entrar. O tal vez designes toda una habitación como tu zona sagrada. Haz un letrero para la puerta, encuentra un espacio para la mitad de los artículos que estén tirados por ahí y desaparece la televisión, los juegos de video y cualquier cosa que produzca ruido constante.

▸ **Escribe afirmaciones para ti misma.** Algunas personas rechazan el proceso de escribir afirmaciones. Pero una buena parte de la labor de una madre (igual que la de un artista) implica esfuerzos sin resultados inmediatos, por lo que necesitamos recordar nuestras metas y nuestros éxitos. Trata de que al despertar en la mañana, en vez de aumentar la lista de cosas qué hacer, escribas cinco afirmaciones relacionadas con el trabajo, la familia o contigo misma. Un ejemplo es: "Soy una madre imaginativa que ayuda a sus hijos a pensar fuera del televisor". Cuando encuentres unas cuantas afirmaciones que te hagan muy feliz, repítelas para ti misma cada mañana.

▸ **Vuelve a despertar tu interés en la música.** Muchas madres escuchan la música de los demás por rutina. No comparten gustos con sus hijos ni con su esposo, han pasado décadas sin asistir a un concierto y no les gusta nada de lo que se oye por ahí. Pero admitir de nuevo la música en tu vida (*tu* música) puede ser enormemente vigorizante. Cuando toda la familia se sienta a desayunar, a comer o después de la escuela, trata de poner música clásica en vez de la televisión o la radio. En el coche, pon un disco de tus viejas canciones favoritas y elige el volumen. Busca sitios de música en internet y compra algunas piezas interesantes. Pregúntale a tus amigas qué les gusta escuchar. Abre tu mente a los nuevos sonidos.

▸ **Usa la visualización para definir tus necesidades.** Quizá sepamos que es importante hacer algo hoy y, sin embargo, no lo hacemos. Por la agitación del momento lo hacemos a un lado. Cuando veas que esto te pasa, cierra los ojos. Imagínate haciendo la actividad que amablemente rehuiste. ¿Cómo te sentirás si la llevas a cabo? ¿Aportará algo bueno a tu día? Esto te ayudará a determinar tus prioridades. De igual manera, si los niños te están volviendo loca y no puedes evitar enojarte, imagina una silla en el centro de una habitación tranquila y vacía. Tal vez necesites separarte de los niños un momento para sentarte mentalmente en esa silla, hasta lograr un mayor control.

▸ **Disfruta al máximo una salida nocturna.** Organizaste salir en la noche con amigos, tu pareja o tú sola. La niñera llega a las 7 pm. Piensas en la niñera, ¿por qué no, para que valga la pena, la citas una hora antes? Así podrás consentirte arreglándote mejor (por ejemplo, depilándote las piernas, maquillándote, peinándote y eligiendo lo que te vas a poner para salir) y logres sentirte maravillosa, o incluso podrías acercarte a tu esposo, ¡antes de que los dos se sientan demasiado cansados para ello! Te sorprenderá cómo hacer el amor antes de salir a pasear puede convertir una noche normal en una espléndida oportunidad de unión.

▸ **Busca inspiración en lugares normales.** En ocasiones pasas por alto las cosas simples de la vida, porque supones que el placer es algo más complicado. Ir sentada en el tren, ver los árboles retoñando, mirar las nubes, leer revistas baratas, ordenar tus libros, acostarte en la cama y caer en una ensoñación escuchando a los grillos, son actividades sencillas que pueden producirte verdadero placer. Ya sea que tomes algunos minutos para saborear estos pequeños placeres, o que les dediques la tarde entera, te llenarán de energía renovada sin invertir dinero ni esfuerzo.

¡PUSE EN PRÁCTICA LOS CONSEJOS!

Pauline, madre de dos, en Vermont

"La idea del periódico me funcionó perfectamente. Por lo menos leo los títulos del diario cada mañana en el desayuno. A veces termino sólo la primera página, pero algunos días he llegado hasta la sección de cultura. Son pasos pequeños pero parece que los niños empiezan a acostumbrarse. Aunque no lo crean, si yo estoy en calma instalada en mi lugar, en la casa se siente un ambiente más sereno. Incluso, de vez en cuando llegamos a comentar lo que estoy leyendo. Luego pienso: Qué bien, me estoy dando un tiempo a mí misma, ¡y enseñándoles algo!".

5

EL NEXO AMOROSO CON TU PAREJA

De vivir uno al lado del otro, a construir una vida juntos

¿Eres una de esas madres bien intencionadas, que atiende en exceso a sus hijos, siempre asesorando, planeando, organizando, preocupándose? ¿Le prestas tanta atención a los niños y a la casa que en ocasiones se te olvida un señor que está por allá, arrinconado en una esquina? Ya sabes a quién nos referimos, a tu esposo.

Existe otro percance muy real (adicional a la propia mamá y a los hijos) para la madre sobreprotectora: el marido. Concentramos tanto nuestra atención en los niños, compensando el tiempo que pasamos en el trabajo o tratando de hacer todo lo mejor que se pueda y siendo las madres más eficientes, que es fácil caer en la situación de ignorar prácticamente al hombre de nuestra vida. O también sucede que sólo le prestamos atención cuando nos irrita, que al parecer es muy seguido.

Cuando ya estás cubierta hasta el tope, no es de sorprender que resulte casi imposible encontrar tiempo para conectarte en verdad con la otra mitad de tu ecuación de pareja. En tu corazón sabes que es importante, pero la realidad se interpone. Estás estresada, cansada y enojada a causa de su aparente falta de empatía (olvidas la belleza del amor que compartían cuando la vida era menos complicada). Penny, de Carolina del Norte, madre de tres, dice que con frecuencia mira a su esposo mientras juega con los niños, tratando de recordar la época en que acababan de enamorarse: "Es muy bueno hacer la conexión entre quién es él hoy y quién era antes, para reconocer así las cosas buenas y no vivir quejándome de lo malo".

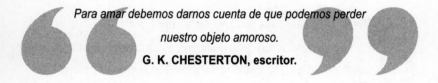

Para amar debemos darnos cuenta de que podemos perder nuestro objeto amoroso.
G. K. CHESTERTON, escritor.

Educar a los hijos al lado de una pareja con ideas similares a las nuestras y que comparte las alegrías y los retos de la vida es un regalo increíble. Si en tu esquina hay alguien que en verdad quiere lo mejor para ti, es mucho más fácil sentirse satisfecha y no eternamente frustrada, como mujer y como madre. En última instancia, una buena relación con tu corresponsable de los hijos es la clave para mantener un contacto exitoso con tus necesidades y las de tu familia.

Aquellas que vivimos en una relación comprometida, ¡podemos considerarnos muy afortunadas! Toda mujer que inicia una familia sueña con un oído comprensivo y una mano cooperativa en todo momento, con alguien que la conozca mejor de lo que se conoce ella misma, por no decir alguien que encienda su fuego en términos románticos. Sin embargo, muchas veces esto resulta un sueño inalcanzable. De acuerdo con el Census Bureau de Estados Unidos, el número de familias manejadas por una madre sola aumentó de 3.4 millones en 1970 a más de 10 millones en 2003 (tendencia que se presenta también en Europa y Australia). ¿Por qué ese incremento tan notable? Por una combinación letal de altas expectativas, negligencia y falta de comunicación, *modus operandi* en el que puedes caer sin darte cuenta.

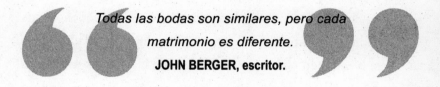

Todas las bodas son similares, pero cada matrimonio es diferente.
JOHN BERGER, escritor.

Los humanos somos bestias mejores y más felices cuando satisfacemos nuestras emociones personales. "Las virtudes cerebrales (curiosidad, amor por el aprendizaje) se ligan de manera menos estrecha a la felicidad que las virtudes interpersonales, como la amabilidad, la gratitud y la capacidad de amar", dice el doctor Martín Seligman, autor de *Authentic Happiness*. La amabilidad y el aprecio que comparten las parejas en sus mejores momentos son los factores que los alimentan por sobre todas las cosas. La mayoría de las madres con las que hablamos sentían que su esposo estaba igual de enloquecido que ellas, en el intento de explicarse su nuevo papel en la jerarquía de la vida; esforzándose por meter el trabajo, la familia y el amor en un horario repleto y sintiéndose rechazado o ignorado por su agobiada esposa. Noel, de California, madre de tres, lo expresó mejor: "*Nosotras* queremos ser perfectas y queremos que *ellos* sean perfectos. Cuando esos pobres no pueden y punto, ¡nos imaginamos que están tratando de molestar a propósito!" Una y otra vez, las mujeres comentaron que sus esposos se quejaban de que los trataran como niños que no pueden hacer nada que cumpla con el estándar correcto.

Hablamos aquí de la mujer que trata de educar a sus hijos con una pareja, sea hombre o mujer, marido o una relación duradera, y descubre que en vez de compartir intimidad y disfrute, lo único que hace es repartir las cargas de la vida cotidiana con otro cuerpo vivo. Al conversar con madres de pequeños y de adolescentes, y también con las que tienen hijos de edades intermedias, nos quedó claro que la mayoría de las parejas modernas inicia esta lucha frustrante en busca de un enfoque equilibrado de su parentalidad. En general, lo que intentamos es saber dónde estamos parados.

Encuentra tu rutina

La manera en que funcionan las parejas es todo un misterio. Lo que le resulta a una puede ser un desastre para otra. ¿Has ido alguna vez de viaje con otra pareja y te has preguntado qué los mantiene juntos? Puede ser muy ilustrativo observar el ritmo de otros, ver cómo dan y reciben (¡o sólo dan!) y cómo soportan sus mutuas manías. Algunas parejas tienen problemas por dinero, pero son muy felices; otras tienen todo el dinero del mundo, pero viven peleando. Quizá en ocasiones envidies una relación, preguntándote cómo hacen para pasar todo el día sin gritar: "¡Sáquenme de aquí!"

Naturalmente, no existe un patrón para ser feliz en el matrimonio. Tanto los que se conocieron y se enamoraron de jovencitos, con la ilusión de que la vida sería un prolongado cuento de hadas; como los que se encontraron siendo adultos más establecidos, con responsabilidades de hijos y de hijastros, en todos los casos la relación con la pareja cambia con el paso del tiempo. No es que *pueda llegar a cambiar*, sino que seguro cambia. Si no hay espacio para el crecimiento y el cambio, lo que sigue son los problemas sentimentales.

DEL PROBLEMA A LA SOLUCIÓN

Evie, madre de dos, en Massachusetts

Evie renunció a su trabajo para quedarse en casa con sus hijos. Sam, su esposo, viaja mucho por cuestiones de trabajo y cuando está en casa quiere relajarse comiendo *hot dogs* y viendo la tele. Entretanto, ella está muy inconforme. Siente que se vuelve loca. "Tenemos necesidades tan diferentes, me siento muy frustrada. A veces es difícil imaginarlos de una mejor manera". A Sam lo liquidaron y pasó unos cuantos meses en casa con ella, formando parte de su rutina cotidiana: "Se dio cuenta de por qué yo necesitaba lo que necesitaba, y empezó a intentar dármelo poco a poco y en pedacitos. Eso también me ayudó a tener mejor opinión de él. Al parecer ahora entendemos mejor la postura de cada uno".

En muchos aspectos, ver a tu esposo convertirse en padre es una de las imágenes más bellas del mundo. Aprendes cosas de él que no conocías antes. Al ver a tus hijos reconocerás en ellos cualidades de tu esposo. Es un avance sorprendente.

Pero, a decir verdad, también puede resultar duro. De pronto él ocupa el último lugar en tu lista de prioridades, en algún momento, antes de sacar la basura y retirar los trastes de la lavadora (y, con toda seguridad, después de tus responsabilidades de trabajo).

Como muchas madres sabrán a partir de la experiencia, el motivo número uno por el que una pareja pelea es el financiero, y enseguida el sexo (*esto* aparece más adelante). La vida de todo adulto está llena de responsabilidades financieras, emocionales y físicas, por lo que no resulta raro pelear por dinero. Hace mucho que quedaron atrás los días en que la mamá, sentada en la mesa de la cocina, no tenía la más remota idea de cuánto dinero había en el banco. Actualmente, el problema no es tanto compartir equitativamente toda esta administración, sino estar alerta y ser propietaria de las cosas. Lo importante es tratar de funcionar como un equipo en el que cada uno de los socios está de acuerdo con el manejo de los ingresos y de los egresos, de los gastos y de los ahorros cada mes y de la administración de las grandes inversiones, deudas o adquisiciones.

¿Qué tan importante es *para ti* tener cierta (o total) independencia financiera? Ésa es una decisión individual y de cada pareja. Pero enfrentarla como realidad es obligatorio, y llevarla a cabo como equipo permitirá que todo se disfrute más.

Los sueños y la realidad

Si has visto telenovelas, leído novelas románticas o visto películas de amor, lo más seguro es que tengas expectativas irreales sobre el matrimonio y las relaciones. Esos discursos suponen abundancia de emociones, romance, riqueza y, sin duda, sexo arrebatador. Pero muchísimos matrimonios se fracturan y terminan en divorcio justamente a causa de las expectativas irreales. En 2004, el National Marriage Project de la Universidad de Rutgers presentó un informe cuyo descubrimiento principal fue: "Para las parejas promedio que han contraído matrimonio en años recientes, la probabilidad de divorcio o de separación es de 50 por ciento".

La buena noticia: muchas madres nos proporcionaron un sinnúmero de reflexiones sobre cómo lograr un mejor equipo y mayor intimidad. A partir de la información que compilamos, los puntos principales de una relación realista y moderna se reducen a:

▸ **Ser socios.** Forman un equipo, y los miembros de un equipo se apoyan entre sí, se ayudan y tienen muy presentes los intereses del otro.

▸ **Comunicación y acuerdo.** A veces es doloroso poner los puntos sobre las íes, pero es importante expresar tu situación y asegurarte de que conoces la de él, para después estar dispuesta a encontrar un punto intermedio.

▸ **Confianza y respeto.** Sin confianza es difícil abrirse y permitirnos ser vulnerables. Cuando hay respeto mutuo, cualquier reto puede superarse con mayor facilidad.

▸ **Intimidad.** La conexión física propicia la ternura, la sinceridad y la empatía.

▸ **Divertirse juntos.** La vida es breve, y divertirse ¡es muy bueno!

¿Cuántas veces nos absorben nuestras múltiples responsabilidades y se nos olvida divertirnos con nuestro compañero? Pasamos por alto disfrutar la intimidad. No consideramos la sencilla felicidad de caminar juntos en silencio, tomados de la mano. ¿Será en realidad tan difícil redescubrir los nexos que compartiste con tu esposo cuando los dos estaban enamorados y llenos de esperanza? A continuación, te damos algunas ideas que descubrimos en nuestra búsqueda de maneras para reconectarse:

▸ **Duerme en una cama diferente.** ¡Con él! El método número uno para reconectarte es pasar juntos un tiempo fuera de la rutina cotidiana. Experimenten irse a un hotel o pedirle a una amiga su casa de campo por una noche.

▸ **Hazlo en pareja.** Inscríbanse a un curso de baile, tomen clases de cocina o encuentren alguna salida que compartan fuera de casa juntos.

▸ **Ponle sal y pimienta a tus citas nocturnas.** En vez de ir al cine y a cenar, vayan a un cabaret, a un concierto, a la presentación de un libro o a una carrera de caballos.

▸ **Pónganse a sudar juntos.** Corran juntos, hagan yoga intensamente. Ella, madre de dos en California, empezó a velear cada semana con su esposo (actividad que a los dos *les encantaba* cuando empezaron a salir).

▸ **Escápense.** Una caminata corta en la noche, cuando ya se hayan dormido los niños, o muy temprano antes de que se levanten, puede llenarlos de vigor. La clave es pasar tiempo juntos y solos.

> *Lo que cuenta para hacer un matrimonio feliz no es tanto la compatibilidad de la pareja, sino cómo maneje su incompatibilidad.*
> **LEÓN TOLSTOI, escritor.**

Di lo que piensas y piensa lo que dices

No cabe la menor duda de que las mujeres queremos que los hombres sean más intuitivos. Cuando llegas cansada del trabajo a calmar a un niño que está haciendo berrinche, lo que quieres es que tu esposo (por iniciativa propia) ponga la mesa, limpie los zapatos de futbol de los niños o te pregunte espontáneamente: "¿Te ayudo en algo?"

¿No sería maravilloso que los hombres leyeran el pensamiento? En realidad, es demasiado pedir. Si queremos algo de nuestro compañero, lo mejor es pedírselo. Terrence Real, autor de *How Can I Get Through to You*, lo expresa así: "Hablamos siempre de que el matrimonio requiere esfuerzo, pero en nuestra vida cotidiana lo que pensamos es: 'Yo no quiero trabajar tanto'."

> *Creo que los hombres con arete están mejor preparados para el matrimonio. Les dolió cuando les perforaron el oído y se compraron una joya.*
> **RITA RUDNER, comediante.**

Si tu galán es muy obtuso, ¿qué es lo que puedes hacer? En vez de no decir nada, hay que poner los puntos sobre las íes. Donna, de Vermont, relata que se sienta a cenar noche a noche con su esposo, Gary, y sus tres hijos, mirando siempre ilusionada el refrigerador con la idea de que a Gary se le ocurra servir las bebidas a todos. Hasta que un día, no pudo más y le gritó que le tocaba cumplir con su parte. "Se quedó tan sorprendido", decía Donna riéndose. "¡No tenía la menor idea de lo que yo pensaba desde hacía tiempo!"

Expresar lo que queremos que nos adivinen hará las cosas más fáciles para todos, y tu esposo no tendrá que preguntarse por qué tienes esa cara ni qué hizo para decepcionarte una vez más.

DEL PROBLEMA A LA SOLUCIÓN

Kristina, madrastra de uno y madre de tres, en California

Kristina llegó a su segundo matrimonio con toda clase de expectativas, basadas en sus experiencias previas. Con su ex marido muchas veces había trabajado hasta el agotamiento creyendo que eso lo hacía feliz, y terminaba llena de resentimiento porque él no apreciaba sus esfuerzos. Su nuevo esposo tenía una personalidad totalmente diferente y tuvieron que aprender un vocabulario nuevo por completo para comunicar sus necesidades de manera clara. "Me puse a trabajar en serio al respecto, porque ya había vivido un gran fracaso. De modo que no dejé nada a la casualidad: me aseguré de que todo quedara más que claro entre nosotros y no di nada por sentado", explica.

¡Vamos a hablar de sexo!

Qué barbaridad, en nuestros grupos de enfoque podríamos haber hablado varios meses, sin terminar, en torno al efecto que ejerce la presencia de los niños sobre el romance. "Parece que los niños son un impedimento cada vez mayor para la felicidad del matrimonio", según el estudio Rutger sobre el matrimonio. Los lactantes, pasando por los que despiertan de noche, hasta llegar a los adolescentes que tanto tiempo requieren, dejan a las mamás y a los papás poco tiempo y paciencia para el romance. Se trata de asuntos que a veces toman poco tiempo, pero que en ocasiones persisten mucho después de que los niños saben ya amarrarse las agujetas. De acuerdo con la encuesta de *ABC* en 2004 del programa *Prime Time Live*, sólo la tercera parte de las parejas que llevan juntas más de diez años hablan acerca de que su vida sexual sea muy emocionante; y el porcentaje de parejas que tienen relaciones sexuales dos o tres veces por semana baja de 72 por ciento en los primeros años juntos, a un escaso 32 por ciento después de una década.

Muchas madres admitieron sentirse culpables por experimentar un descenso (y admitamos que a veces es un *abandono*) en su motivación sexual después de tener hijos. Como lo hemos vivido muchas de nosotras, el calor del cuerpecito de un bebé, alimentarlo, abrazarlo, son muestras de afecto que necesita, y que a la vez satisfacen nuestras necesidades, de modo que dejamos de buscar la intimidad con nuestro esposo.

> *El verdadero sentimiento del sexo es el de profunda intimidad;*
> *pero, sobre todo, de profunda complicidad.*
> **JAMES DICKEY, poeta.**

En ocasiones, las mujeres llegan a creer que como no sienten un deseo de gran intensidad, ya no necesitan el sexo. Como ya no se ven a sí mismas como seres sexuales, no tardan mucho en convertir al sexo en una tarea que rechazan. Bueno, a continuación un gran pensamiento: "Las relaciones sexuales insatisfactorias son una causa extremadamente frecuente de aislamiento, infidelidad y divorcio", según la terapeuta sexual Michelle Weiner-Davis. En su libro *The Sex Starved Marriage* dice: "Hazlo, simplemente. El deseo es una decisión. En cuanto el integrante de la pareja con menos interés permite que la/lo toquen y estimulen, se dispara un intenso deseo que restablece la motivación sexual".

El sexo con tu pareja no tiene que ver únicamente con satisfacer sus necesidades; aun cuando a veces así sea, no siempre lo será. Tiene que ver con redescubrir lo que quieres y necesitas para sentirte completa otra vez. Si te encuentras en punto muerto con tu pareja respecto de la frecuencia con que deben tener relaciones, considera lo siguiente:

- ¿Qué tanta intimidad requieres de *tu parte* para sentirte conectada con tu esposo? Sé honesta contigo misma, porque puede ser más de lo que tú reconoces. Revisa en el pasado cómo te has sentido con tu esposo durante los periodos de abstinencia y lo espléndida que te sientes cuando la intimidad es frecuente.
- ¿Cuánto sexo necesita *él* para sentirse contento y conectado? Para la mayoría de los hombres la intimidad se liga ineludiblemente con el sexo.
- ¿Hay alguna manera de llegar a algún acuerdo en cuanto a

la frecuencia, quizá cambiando tus rutinas o poniendo un poco de sal y pimienta? De acuerdo con la encuesta *Prime Time Live*, las personas que se definen a sí mismas como aventureras sexuales resultan más aptas (casi 30 por ciento más) para una vida sexual emocionante y tienen "posibilidades mucho mayores de quedar satisfechas, a su vez, con su relación en general".

▸ Mientras más lo hagas, más lo desearás. De verdad, ¡es tan fácil como eso!

DEL PROBLEMA A LA SOLUCIÓN

Lindsay, madre de tres, en Inglaterra

Cuando Ian y Lindsay están juntos en casa por las noches, él se recuesta en el sillón a descansar mientras ella prepara la cena y mete a los niños en la cama. "Preparo la cena, arreglo la cocina y corro a la cama a las diez de la noche, y entonces *él* está listo para tener relaciones sexuales. En tanto que yo me siento más lejana que nadie frente a la idea", confiesa Lindsay. Al darse cuenta de que rechazaba a Ian, más bien porque le irritaba que no participara con la familia que por falta de interés sexual, Lindsay decidió asegurarse de que salieran juntos varias veces al mes para conectarse verdaderamente: "Nos sigue haciendo falta trabajar nuestra antigua dinámica de la noche, pero por lo menos logramos intercalar incluso en esos momentos algunos ratos placenteros".

Algunas parejas necesitan relaciones sexuales cada tercer día, otras una vez a la semana y otras dos veces al mes. Marsha, madre de uno, en Nueva York, refiere que su novio suele pasarse meses sin dar señales de vida y que pelean todo el tiempo a causa de su desinterés; en tanto que Jeannie, madre de dos, en Nuevo México, cuenta que su esposo insiste en que lo normal es tener relaciones tres veces por semana. La última línea es que varían tanto las necesidades de cada pareja para sentirse profundamente conectadas, que no hay normas en torno a esto.

Pero hay algo muy cierto: el sexo importa. Una de las principales conclusiones a las que se llegó en un estudio internacional realizado por la Universidad de Chicago en 2006, fue que "el bienestar sexual subjetivo se relaciona con el total de la felicidad tanto en hombres como en mujeres". Fíjate en esto: de acuerdo con un estudio que se llevó a cabo en 2004 a partir de los documentos de trabajo del National Bureau of Economic Research, el aumento en la frecuencia de relaciones sexuales de una vez al mes a una vez a la semana, intensifica la felicidad tanto como un incremento de 50 000 dólares al año.

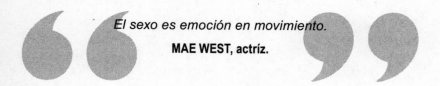

El sexo es emoción en movimiento.
MAE WEST, actriz.

Hacer el amor puede resultar sin duda una gran diversión, pero ¿te has dado cuenta de que también beneficia mucho tu salud? En 2004, un artículo de la revista *Time* señalaba que la actividad sexual frecuente puede:

▸ mejorar la salud del corazón al aumentar la condición aeróbica (las relaciones sexuales consumen el mismo número de calorías que correr entre 15 y 30 minutos);

▸ protegerte del dolor por la liberación de endorfinas y de corticoesteroides;

▸ mejorar tu habilidad de sanar al estimular un incremento del nivel de ciertos anticuerpos y de oxitocina;

▸ protegerte del cáncer de mama y de próstata; y,

▸ disminuir los niveles de depresión, puesto que se liberan grandes cantidades de oxitocina antes del orgasmo.

Ten en mente estas grandes ventajas cuando a continuación leas las cuatro principales excusas que hemos escuchado o que (atrévete a admitirlo) hemos usado una o varias veces:

▸ **"Nunca estamos sin los niños."** ¿Qué te parece organizar que tus hijos salgan a jugar con otros niños una tarde de fin de semana?

▸ **"Estoy demasiado cansada."** Olvídate del sexo por la noche e inténtalo mejor en las mañanas; o bien, escápate para un rapidito (después de cerrar la puerta de tu cuarto) mientras los niños se ocupan de otras cosas.

▸ **"Es que no tengo tiempo."** Claro que no, ¡te puedes dar tiempo para lo que sea, si en verdad quieres!

▸ **"Ya no lo disfruto."** Trabaja imaginando lo que dispara tu lujuria; puede ser un actor atractivo que veas en una película, experimentar con algún juguete sexual, ponerte algo bonito para meterte a la cama o pasar más tiempo con tu esposo *sin* que el sexo esté implicado.

En un artículo que apareció en junio de 2003 en la revista *Newsweek*, la escritora Erica Jong afirma: "En nuestra era de la revolución postsexual, esperamos que lo carnal y lo familiar vengan envueltos para regalo en la misma caja". Estas expectativas suelen frustrarse en cuanto interviene la vida real, pero por fortuna no significa que se instale el desastre. "El sexo no es lo único que mantiene unidas a las parejas", agrega Jong. "Conversar y reírse mantiene unidas a las parejas. Compartir objetivos mantiene unidas a las parejas."

A cada quien lo suyo

Vivir simplemente al lado de tu pareja no resulta divertido. Naturalmente, habrá momentos en que sientas una total sincronía y otros en que te preguntes qué fue lo que le viste. Anna, madre de cuatro, en Illinois, trata de percatarse y comentar las cosas en que su esposo le ayuda, y no nada más decirle que no limpió bien la cocina o no puso los zapatos en su lugar. Nos comentó que le gusta quién es ella cuando está con él. Él hace que destaquen las cualidades de ella que la hacen sentirse bien. Cuando las mujeres se recuerdan a sí mismas con frecuencia las cosas agradables que hace su esposo y aprecian su esfuerzo, curan la herida de las decepciones.

KATRIN APRENDE QUE LA VIDA ES LARGA

"En el trabajo de parto, mi hijo Peter estaba atorado detrás de mi pelvis, sin poder salir (acomodándose como todo primogénito correcto), y ninguno de mis esfuerzos servía para ayudarlo a nacer. Finalmente, con un esfuerzo colosal, llegó. Las enfermeras exclamaron: ¡Está enorme. Casi cinco kilos!

¿Recuerdan haber leído en sus libros sobre el embarazo que lo que menos espera uno es un desgarre de cuarto grado entre la vagina y el recto? Acuérdense de qué pensábamos: "Que no me pase eso, me voy a poner aceite de vitamina E, que me hagan una pequeña incisión si es inevitable". Bueno, eso es justo lo que pensé cuando nació Peter.

Cuando estaba en recuperación, mi doctora me informó que iba a necesitar muchas puntadas. No una ni dos, sino muchísimas. Luego dejó caer la bomba: Tardará mucho en sanar, me dijo. Es un poco como una cesárea; hay casos que tardan hasta seis meses antes de poder tener relaciones sexuales sin dolor.

¡Dolor, seis meses, sin sexo! Puede que no usara exactamente esas palabras. Tal vez fue mucho más sutil (no recuerdo), porque yo la escuchaba enmedio del llanto.

Volteé a ver a Kevin y sentí una enorme desesperación. Había tenido tanto miedo del cambio que significaría un bebé en nuestra vida. Teníamos meses sin intimidad. Me sentía como si ya no fuera un ser humano: *añoraba* mi cuerpo antes del embarazo y quería saber que volvería a tener relaciones sexuales apasionadas algún día, en un futuro no muy distante. Sentía incluso algo de culpa: si no hubiera engordado tanto, Peter hubiera sido más pequeño y el desgarramiento hubiera sido menor.

Kevin me sonrió y dijo: 'La vida es larga, mi amor.'

Pero... pero... ¡seis meses!

No es nada. Pasarán pronto. Vendrá el día en que estemos juntos y viejos.

He pensado mucho en ese día durante los 14 años que han transcurrido. Hemos tenido lapsos de abstinencia, de intensidad y también normales; pero todo el tiempo me he dicho que es sólo una etapa. Cuando empiezo a analizar demasiado trato de recordar esa imagen de nosotros dos, viejos y arrugados, todavía con vida sexual o tal vez sin ella. Pero la vida es muy, muy larga. No hay por qué impacientarse."

> *Recuerden que el amor no es descanso, es trabajo.*
> **ANNA QUINDLEN, escritora.**

Las madres entienden de primera mano los beneficios de que les demuestren cierto aprecio por su desempeño. Estamos siempre en busca de validación del trabajo invisible que hacemos todo el tiempo. En ocasiones no es que queramos que nuestro esposo contribuya exactamente con la mitad del trabajo de la casa o con los niños, sino que queremos y exigimos que nos entienda y respete. Nos enojamos muy rápido cuando sentimos que dan todo lo nuestro por sentado y lo mismo les sucede a los esposos.

Cuando hay respeto mutuo en cualquier relación, los malentendidos y el resentimiento son menos frecuentes. Tú y él deben sentir pasión por sus intereses, puesto que son lo que les ha dado vida. Si a tu esposo le encanta pescar, que lo haga; *tú* puedes optar por pasar un rato en el gimnasio. Si él necesita ir a un bar con sus amigos, tal vez tú necesites ir al cine con tus amigas. Cuando se dan mutuamente descansos merecidos, pueden estar juntos como individuos satisfechos, sin buscar validación constante del otro.

DEL PROBLEMA A LA SOLUCIÓN

Pat, madre de tres, en Virginia

Pat pasa todo su tiempo libre llevando a los niños por todo el universo. Anhelaba (no, se moría por) un rato a solas, pero el momento nunca llegaba. Le pidió ayuda a su esposo, Tom, y juntos expresaron una lluvia de ideas. Él sugirió que podía ir al súper los fines de semana para evitarle por lo menos esa tarea de su lista, pero ella realmente necesitaba salir de casa con más frecuencia. Entonces Tom tuvo esta idea: quizá ella podría ir al súper en la noche, y acompañarse de música en su iPod, mientras él metía a los chicos en la cama y les ayudaba a los grandes a terminar la tarea. Pat hizo la prueba y le encantó: "Estoy en mi pequeño mundo personal, la tienda está vacía y nadie me pide nada. Y jamás se me hubiera ocurrido hacerlo de no ser por Tom".

> No es la falta de amor, sino la falta de amistad lo que hace infelices a los matrimonios.
> **FRIEDRICH NIETZSCHE, filósofo.**

Elimina la preocupación, impulsa lo positivo

No podemos darle vuelta: ¡necesitamos eliminar la preocupación! No hay mujer en la Tierra a la que le guste escucharse a sí misma preocupada. Sin embargo la mayoría nos preocupamos casi siempre. Los hombres... no nos ayudan lo suficiente, todo lo hacen mal, no son románticos ni saben planear y no tienen límites. Nos quejamos siempre y rezamos para que un milagro los transforme.

EL DAR Y RECIBIR DE SUSAN

"Poco después del nacimiento de mi segunda hija, Cole, me invitaron a pasar un fin de semana de mujeres solas. Temía preguntarle a Topher si estaría de acuerdo, puesto que me sentía culpable y egoísta, pero a decir verdad ya no podía más. Me urgía un descanso.

Así que, muy a la ligera, lo mencioné y quedé en espera de la respuesta, aguantando la respiración.

Topher estuvo inmediatamente de acuerdo en que yo necesitaba salir. 'Nada me gustaría más que verte salir unos días con tus amigas', me dijo.

¡Qué maravilla, eso es todo lo que necesitaba oír para sentirme mejor! ¿Él se haría cargo de todas mis obligaciones, aparentemente agobiantes, para que yo desapareciera con mis amigas a dormir, comer, leer revistas y tomar café todo el día? ¡Acepto!

Quiso dejar muy en claro: 'No te preocupes para nada por nosotros, ¿de acuerdo? Yo tengo perfectamente cubierto lo de la casa. Fue el mejor regalo que me pudo haber dado.

Una vez al año Topher se va con sus hermanos y su cuñado. Saca sus cosas de niño, se ríe hasta desternillarse, arregla el futuro y el pasado, todo con sus mejores amigos. Me encanta que vaya a ese viaje; regresa tan feliz y renovado, que el impacto se siente inmediatamente sobre nuestra relación.

Durante su último viaje los niños estuvieron peleando como locos. También yo les gritaba demasiado, pero lo peor es que no podía dormir. Cuando Topher llamó para preguntar cómo estábamos, usé su técnica: 'Mi amor', le dije, 'todo esta perfecto. No te preocupes por nada. Estamos muy bien, todos te extrañamos y estaremos felices cuando regreses. Disfruta mucho estos días.'

A la distancia me imaginaba a Topher libre de tensión y percibía en su voz que sentía alivio. Ése fue mi regalo para él.

Topher y yo nos ponemos en contacto todos los días, por teléfono o correo electrónico, ya sea para saber cómo estamos o para estar seguros de que el otro se entere de que hay algún pendiente importante. No me malinterpreten, hay días en que dan las siete de la noche sin que nos hayamos comunicado, pero en ese caso nos sentamos a cenar juntos para compartir nuestras historias. A partir de ello nos hemos ganado el respeto mutuo y nuestra relación ha florecido. Yo hablo, él escucha; él habla, yo escucho; él me anima, yo lo animo; y así continuamos. Con el paso de los años nos hemos convertido en un dueto de piano bien estudiado."

¿Estamos siendo justas? La mayoría de los padres participan mucho más que lo que se involucraron sus propios padres. Claro, porque tienen que ayudar, ser intuitivos y proactivos y no dar por sentado todo lo que hacemos nosotras, y conectarse emocionalmente con la familia. Pero cuando no son perfectos, ¿lo hacen a propósito? En nuestra experiencia, en general los padres quieren hacer todo bien. Suzanna, de California, llegó a uno de nuestros grupos de enfoque echando chispas sobre todos sus esfuerzos para ayudar a Joe, su esposo, a que atendiera a los tres niños antes de que ella se fuera: bañarlos, darles de cenar, ponerles la pijama. Pero Joe se enojaba acusándola de controladora y de estar dándole órdenes, cuando ella creía que le estaba facilitando las cosas.

> *El amor expresa y afirma la autoestima, es una respuesta a nuestros propios valores en otra persona.*
> **AYN RAND, escritora.**

En nuestras discusiones sobre este tema (que fácilmente podrían durar todo un día) identificamos los siguientes seis puntos que debes tener en mente cuando hablas con tu esposo:

- Trata de usar palabras adecuadas que no estén cargadas de segundos significados.
- Pregúntate a ti misma si lo que discutes es el problema real, sin estar enojada por otra cosa.
- Dale una oportunidad: antes de que él descalifique tus expectativas, exprésalas con claridad.

▶ Escúchalo cuando hable y dirígete a él de manera que lo invites a escucharte. (Desde luego, espera que te devuelva el favor.)

▶ Trata de evitar expresiones como "tú nunca" y "tú siempre", que lo hacen ponerse a la defensiva (y de todos modos, ¿en realidad es cierto?).

Cuando te equivocas debes admitirlo (sí, ya sabemos que es ¡casi imposible para la mayoría de las mujeres!). Si no puedes hacerlo al calor del momento, dile que necesitas un poco de tiempo para calmarte, retómalo después y concede.

Pero, ¿y los niños, la casa, los quehaceres?

Esta es la verdad fría y directa: las madres hacen casi el doble de trabajo doméstico que los padres. Según el estudio que hizo en 2004 la Universidad de Brown (en el cual la gran mayoría de las mujeres trabajan tiempo completo y el resto medio tiempo), las esposas cubren 32 horas de trabajo doméstico a la semana, en comparación con las 17 horas de los esposos.

¿Cuál es entonces la conclusión? ¿Las mujeres se interesan más? ¿Los hombres son perezosos? Las mujeres se encargan de la mayor parte de la limpieza, de cocinar y de las responsabilidades de los niños, aun cuando trabajen fuera de casa, porque ¿están genéticamente programadas para hacerlo?

Suspiro. Todas sabemos que es agotador. El trabajo en sí es agotador y la lucha que implica es agotadora. (Por cierto, un dato rápido: en el llamado Love Lab de la Universidad de Washington, a cargo del profesor de psicología John Gottman, él mismo descubrió que los esposos que realizan mayor número de tareas domésticas tienen relaciones sexuales con su esposa más frecuentemente. Dale esa información a tu esposo, ¡y fíjate si *eso* cambia sus hábitos!)

EL DESORDEN MATUTINO DE ANNE

"Cuando regresé a trabajar, Bruce se encargó de las tareas matutinas dos días por semana. Pero, ¡cómo me tardé en soltar las riendas! Es que no creía que él lograría hacer todo igual que yo. De verdad, las mañanas en todas las casas son pesadas, pero creo que la nuestra va a la vanguardia. Mochilas, loncheras, jugos, comida, notas para la escuela, trabajos, buscar los tenis o los zapatos correctos, terminar la tarea, preparar el desayuno, ayudarles a los niños a que encuentren lo que quieren ponerse, peinarlos, estar a tiempo para el camión. Estaba segura casi al 110 por ciento de que algo se le olvidaría siempre.

De manera que, para ayudarlo, me escapaba en la noche cerca de una hora y sacaba la ropa que sabía se iban a poner los niños, dejaba listas las mochilas y un resumen exhaustivo por escrito del día siguiente. Incluso despertaba más temprano a los niños para peinarlos y ayudarlos a vestirse. Después entraba a sus cuartos para hacer las camas y recoger un poco antes de salir.

Poco a poco mi organización empezó a fallar: a veces estaba fuera de casa la noche anterior o me quedaba dormida junto con los niños sin alcanzar a hacer nada. La mañana siguiente era de locura. Corría por toda la casa ladrando órdenes a todos. Era imposible que lograra hacer todo y terminaba por salir tarde, gritándole recordatorios a Bruce por encima de mi hombro: 'No se te olvide la nota para que recojan de la escuela a Carly'. 'Acuérdate de que a Jay no le gusta llevar sándwich para el *lunch* y recuérdale a Meg que necesita su palo para jugar *lacrosse*'.

Con frecuencia, cuando llego al trabajo Bruce me llama para informarme cómo le fue en la mañana. Siempre hay algún detalle impredecible y siempre lo maneja de maravilla. Tuve que darle crédito (en realidad no necesitaba mi interferencia). Al final del día quizá encuentre a Jay con unos pants que ya no le quedan, o el libro de la biblioteca que Meg tenía que devolver sobre la mesa de la cocina. Pero Bruce siempre dice: 'Todos tuvimos un buen día, ¿o no?'

Los métodos de Bruce no serán siempre los míos y los míos no son como los suyos. Pero todo está bien. Cuando no lo estoy microadministrando, todo lo hace bien. En realidad, más que bien: algunos días, cuando regreso a casa, él ya pasó al súper a comprar más jugos porque se dio cuenta de que faltaban, ¡sin que yo tuviera que decirle ni una palabra!"

Pero no se trata en realidad sólo de lo que hace cada quien en la casa, sino también de nuestros diferentes puntos de vista en cuanto a la educación de los niños. Se necesita tiempo para crear un estilo propio de manejar el papel de madre y de padre en conjunto (tú misma lo sabes por experiencia). Ya que nuestros hijos pasaron de la lactancia a caminar, hablar e irse a la escuela (empezando a responder feo), quizá tu propio enfoque se ha modificado *muchísimo*. Durante ese tiempo quizá hayas descubierto que tu forma de educar y la de tu esposo difieren mucho más de lo que te imaginabas. Esto puede causar fricciones diarias que se interponen en tu relación. En vez de sentirse como un equipo, se han vuelto combatientes en una guerra sin fin.

Las mujeres con las que hablamos nos dieron claves para evitar, al menos *algunas* batallas de este tipo:

‣ Tu pareja tiene su propio estilo y, aunque no concuerde perfectamente con el tuyo, no es menos legítimo.

‣ Si puedes llegar a respetar su punto de vista, él respetará más el tuyo.

‣ Hablen acerca de los valores que comparten y de la manera en que el ejercicio conjunto de la educación puede reflejar esos valores importantes.

‣ Aprecia de qué manera su estilo puede complementar el tuyo; con ello enseñarán a sus hijos que no existe una sola forma de hacer las cosas.

‣ Pueden estar de acuerdo o no y expresarlo, pero en puntos fundamentales presenten un frente común, ya sea o no total el acuerdo. Lanzarle a los niños mensajes mezclados en cuanto a asuntos vitales como drogas, sexo, amigos y normas familiares causa confusión (y a *ti* te dará grandes dolores de cabeza).

▶ Piensa de qué manera se ajustan las personalidades de ambos a las necesidades de la casa. Georgia, de Idaho, madre de dos, reparte las tareas familiares con su esposo de acuerdo con lo que cada uno hace mejor. Ella se encarga de las tareas escolares diarias, porque tiene paciencia, y su esposo ayuda con los trabajos a largo plazo, porque es más creativo.

De manera casi universal, las mujeres con las que hablamos admitieron que les gusta tener el poder en lo que se refiere a la administración de la casa. O es como ellas dicen, o no lo es, y muchas veces están dispuestas a luchar a muerte por ello.

DEL PROBLEMA A LA SOLUCIÓN

Lizzie, madre de dos, en Illinois

Lizzie creció con unos padres estrictos, por lo que le gusta manejar su casa con tranquilidad. Cuando ella toma las riendas no hay gritos ni demasiada disciplina y mucho menos cuadros de labores domésticas o castigos. Por otro lado, Lawrence, su esposo, se fija en todos los detalles. Le gusta que todo esté impecable y que los niños se porten bien; es muy riguroso sobre las consecuencias del mal comportamiento. "Nos elogiábamos mucho mutuamente antes de tener a los niños. Después, lo mucho que disfrutábamos uno del otro, se volvió una carga", dice Lizzie. Tuvieron que encontrar un terreno intermedio. Con ayuda de una terapia hicieron una lista de sus mayores deseos y sus peores temores en cuanto a su papel de padres y así redescubrieron los valores que comparten: "Discutimos mucho menos porque muy en el fondo los dos sabemos que nos interesan las mismas cosas".

Ama a tu pareja en la buenas y en las malas

Lógicamente, quieres ser feliz en tu matrimonio; así serás una mujer más satisfecha y una mejor madre. La mejor manera de evitar la coeducación (siempre agotada y fuera de sincronía) es reconocer que las relaciones tienen fases, ser amable uno con el otro y perdonarse mutuamente. El terapeuta de parejas Terrence Real explica en sus libros que las parejas que se comprometen pasan por fases de armonía, desarmonía y restauración para mantenerse felizmente juntos. Comenta que mientras tengamos paciencia en este ciclo continuo, a la larga estaremos bien.

El amor no es estático, está siempre en evolución. Debemos tratar de compartir viejas pasiones, recordar los primeros días de nuestro amor, ser generosos con nuestros pensamientos, compartir la risa y también las cosas duras, alabar siempre que haya algo que alabar y hacer el amor con frecuencia y ternura. No hay receta rápida para mantener una relación sana, pero el esfuerzo consistente con tu pareja a lo largo del tiempo, acompañado de una buena dosis de verificación de la realidad, puede ayudar a formar un hogar más feliz para todos.

CONSEJOS DESDE LA TRINCHERA

▸ **Diviértanse juntos.** Definitivamente ésta es la sugerencia número uno. Cuando estamos ocupados, nos olvidamos de los buenos tiempos juntos. Súbanse *juntos* a la montaña rusa (sin los niños). Anden en bicicleta. Salgan a un *picnic*. Vayan al parque, jueguen carreras. Laven juntos el coche hasta quedar empapados. Hagan tonterías divertidas y recuérdense a sí mismos que no son demasiado viejos para reírse hasta que se hagan pipí.

▸ **Rompan el hielo.** No funciona hacerse tontos cuando hay alteros de platos que lavar, montones de ropa sucia o cuentas por pagar. No se necesita mucho para echar a andar a los hombres, pero la historia es completamente diferente cuando se trata de mujeres. Experimenten con aceites de masaje; pídele que te sobe toda la espalda. O bien, ¿qué les parecería un baño de vapor juntos? Prender velas puede ayudarles a generar de nuevo un buen ambiente. Y adivina cuál es el rompehielo favorito. Sí, adivinaste, pornografía suave, ¡experimenten!

▸ **Usa tus trucos femeninos.** ¿No sería mucho más divertida la intimidad si asumieras una actitud abierta? Tal vez intentar algo nuevo te abra el camino. Piensa en algo que siempre te ha dado curiosidad (puede ser un juguete sexual, una película atrevida o alguna nueva técnica que has oído comentar) e investiga. Este tipo de incursiones son fáciles y privadas ahora que contamos con internet.

▸ **Las pequeñas muestras cuentan.** No olvidemos lo bonito que es recibir pequeñas muestras de afecto. Un besito en la mejilla, una caricia en el brazo, una palmada en la espalda, un masaje en los pies (todo sin ataduras), echa a andar el buen ánimo. Siempre que puedas, acércate a tu pareja con una muestra dulcemente amorosa, y pronto verás que te mira con amor renovado.

▸ **Tómense tiempo para estar uno lejos del otro.** No siempre es lo mejor la excesiva cercanía. A veces necesitamos descansos uno del otro para recordar lo que amamos. Tal vez cada fin de semana necesites una mañana para ir a un museo, hacer pilates o tomar clase de tejido. Quizá necesites pasar toda la noche fuera visitando a una vieja amiga o un fin de semana entero para tomar un curso de actualización en los negocios con un grupo de desconocidos. Ser una mujer independiente te hará apreciar más las fortalezas que comparten cuando están juntos.

▸ **Fíjate en las señales.** Si eres sensible y solidaria a su estado de ánimo, él te devolverá el favor. Si se ve cansado, sugiérele que salga a correr o que duerma una breve siesta. Si da vueltas, estresado, hazle algunas preguntas y trata de ponerte en el canal de lo que *realmente* le sucede. Cuando tú estés cansada o estresada, quizá él haya aprendido a detectarlo.

▸ **Tómate tiempo para observar.** En vez de enfocarte en las cosas que están mal, obsérvalo en los momentos en que baja la guardia y piensa en todas las cosas que están bien. ¿Te gusta la manera en que sonríe cuando arma un rompecabezas con tu hijo de 11 años? ¿Te divierte que ande en patín del diablo con tu hijo adolescente? Cuando barre las hojas del patio o está martillando los tubos debajo del fregadero, ¿sus músculos te recuerdan los viejos tiempos?

▸ **Tómate un descanso antes de lanzarte.** Cuando tengas en la punta de la lengua el latigazo, detente. Fuérzate a tomar un descanso. Cinco minutos después evalúa lo que vas a decir. ¿Sigue teniendo importancia? Si lo sacas a relucir después, en un momento en que las cosas estén calmadas, ¿serán más efectivos tus comentarios? ¿Es posible replantear tu crítica y convertirla en sugerencia?

▸ **Ten curiosidad respecto a él.** En verdad que es fácil cansarse de la constante conversación de tu pareja sobre el trabajo, el golf, la política o lo que sea en determinado momento. Pero intenta lo siguiente: en vez de limitarte a escuchar (estar mentalmente ausente), *hazle preguntas.* Cuando conteste, pregunta algo más. Pronto descubrirás que está más presente en tus conversaciones y, por ese motivo, tú tendrás un interés más auténtico. Al final del día, recibirás también los beneficios de sentirte más conectada.

▸ **Vuelve a tus raíces.** Cuando empezaron a salir, ¿qué les encantaba hacer juntos? ¿Salían a correr en la noche o iban al gimnasio? ¿Iban el sábado por la mañana al cine? ¿Pasaban cada tercer fin de semana escalando montañas o nadando en el mar? ¿Las galerías de arte eran su lugar favorito para el coqueteo, o quizá les gustaba andar en bicicleta a campo traviesa o hacer caminatas por una calle arbolada? Reconéctense con esas actividades que los unieron y vuelvan a disfrutarlas en plenitud.

¡PUSE EN PRÁCTICA LOS CONSEJOS!

Elizabeth, madre de tres, en Wisconsin

"Acabo de regresar de pasar una noche fuera con mi esposo, John, y fue increíble. Al principio me puso nerviosa pensar que tal vez no lograríamos conectarnos como antes, pero en cuanto nos subimos al coche empezamos a reírnos y bromear como en los viejos tiempos. Fue sorprendente estar con John en el momento, sin prisa, tomando tiempo para nosotros. Intentaremos repetirlo dentro de unos meses, es maravilloso para nuestro matrimonio. Tenemos incluso una palabra secreta que usamos cuando la vida se vuelve una locura. Cuando la decimos, regresamos exactamente al sentimiento de conexión que tuvimos esa vez que estábamos fuera."

6

LA NECESIDAD DE LOGRAR

De la maternidad solitaria, a crear y ofrecer una red de apoyo

No es ningún secreto que las mujeres se apoyan muchísimo en sus amistades, especialmente en otras mujeres, para mantenerse sanas. Cuando no podemos más (los niños nos vuelven locas, el esposo no entiende o el jefe se pone difícil), recurrimos a nuestras amigas. En la encuesta de *Time* de 2004, 63 por ciento de las mujeres reveló que para mejorar su ánimo conversaba con sus amigas o con la familia. Las mujeres necesitan y desean ser escuchadas. Entra a internet y busca grupos de madres: si tecleas "blogs de mamás", darás con 15 millones de sitios.

 La amistad llega a marcar la vida más profundamente que el amor.
ELIE WIESEL, sobreviviente del holocausto.

Según la doctora Laura Cousin Klein, profesora adjunta de salud conductual en la Universidad de Penn State, cuando estamos estresadas, las mujeres liberamos la hormona oxiticina. Esta hormona nos motiva a "tender hacia lo amistoso", a diferencia de la reacción de los hombres de pelear o pelear. Una mujer bajo presión se vuelve en favor de su familia y sus amigos, por la sencilla razón de que lleva ese código en su genética. Buscar a la comunidad nos hace sentir con mayor fuerza. Conectarnos con las amigas restablece nuestro equilibrio interior.

> *Si la semana próxima te dicen que estás enferma en fase terminal (y que todos los que te rodean están enfermos en fase terminal) lo único importante serán los recuerdos hermosos, que las personas te amaron y tú las amaste, y que trataste de ayudar a los pobres e inocentes.*
> **ANNE LAMOTT, escritora.**

¿Cuántas veces has pasado un fin de semana caótico con tu familia, tu casa convertida en zona de desastre, los niños peleando y quehaceres que deben realizarse pero que todos ignoran? No te queda más que recobrar el ánimo e irte a cenar con una amiga. Casi no le has dirigido la palabra a tu esposo y tienes los nervios de punta.

Pero en cuanto cruzas la puerta de casa de tu amiga, ella te abraza y te da una copa de vino, los niños se van a jugar, tú te sientas y por fin te empiezas a relajar. Muy pronto, sin darte cuenta, te estás riendo de ti misma, mientras tu amiga comparte también sus historias personales de guerra. De repente tu esposo te vuelve a parecer humano y otra vez sientes la comodidad de ser tú misma. Una vez más te preguntas: "¿Qué haría sin mis amigas?"

Para muchas, nuestro esposo o compañero representa un apoyo importantísimo sin el cual creemos que no podríamos vivir. Pero hay una gran cantidad de madres divorciadas o solteras, e incluso mujeres que viven relaciones estables, que se percatan de que el alivio y la camaradería que sienten con su pareja no es igual al que tienen con sus amigas. ¡Es algo diferente!

La familia original suele ser una aliada natural y algunas de nosotras recurrimos a ella en primera instancia. Pero con frecuencia los familiares viven lejos, o llevan a cuestas una complicada carga emocional que dificulta que nos apoyemos en ellos como lo hacemos en las amigas. Si los miembros de la familia se encuentran en etapas diferentes de la vida, no siempre podrán entender nuestras preocupaciones. Lo ideal sería aprovechar siempre las reflexiones que ofrecen nuestros padres, familiares políticos y hermanos, sin que nos afecten las críticas implícitas o los diversos puntos de vista. Pero independientemente de la manera en que interactuamos con nuestra familia, las amigas nos ayudan a navegar sobre las aguas de la maternidad. En este capítulo enfocamos nuestra atención en las personas *ajenas* a la familia, en las amistades que necesitamos con desesperación y que debemos propiciar y cultivar para que sigan floreciendo.

En todas las etapas de la vida te relacionarás con personas que reflejen tus valores e intereses, o que te reten a pensar fuera de tus esquemas. A menudo, los amigos más atractivos son los que hacen reír. Al convertirte en madre, necesitas aliadas que te ayuden un poco a llevar y traer a los niños, en quienes puedas confiar para compartir tus miedos más vergonzosos y que sean similares a ti o también polos opuestos. Incluso si trabajas fuera de casa (o, tal vez, especialmente en ese caso) te sientes desubicada, quizá desees sentirte conectada con otras mujeres. Tracy, madre de dos, de Louisiana, comenta que una de las mayores sorpresas que ha experimentado de la maternidad ha sido la red de seguridad y camaradería que representan sus amigas: "Me recuerdan que no estoy sola, y eso ha sido importantísimo para mi."

DEL PROBLEMA A LA SOLUCIÓN
Amy, madre de tres, en Connecticut

Con muchísima frecuencia un niño o el otro se muestra alterado por algo cuando Amy sale de casa rumbo al trabajo, ya sea la tarea sin terminar de su hijo, la blusa que su hija quería ponerse y que se está lavando o el bebé que llora porque todavía no conoce bien a la niñera. Durante el trayecto hacia el trabajo Amy lleva en mente a sus hijos, por lo que empieza el día sintiéndose alterada. Pero al llegar a la oficina, se sirve un café y se dirige al cubículo de su amiga Sarah. Aunque ambas tienen mucho trabajo, tomarse un momento para conversar les ayuda a pasar mejor el día. Amy descarga lo que sucedió en la mañana y Sarah, en general, le cuenta algo gracioso de sus hijos. "Siento tanto alivio al ver que mis hijos son normales, y que todas las madres tienen las mismas experiencias que yo", dice Amy.

No todo se limita a nuestro círculo interior. La fuerza y la conexión que sentimos cuando nos movemos *fuera* de ese grupo amoroso (hacia individuos, organizaciones o grandes causas) también resulta vital para nuestro bienestar. Recordar que nuestras preocupaciones diarias son una pálida sombra en comparación con las necesidades de otros, a veces puede constituir el punto de quiebre que nos haga cambiar hacia una visión positiva de la vida ante la infelicidad innata de la soledad o el estrés. Devolver al mundo algo le ayudará a las madres modernas y enloquecidas a ver su vida (sus esperanzas y sus sueños) en perspectiva.

> Si quieres que los demás sean felices, practica la compasión. Si quieres ser feliz, practica la compasión.
> **DALAI LAMA, líder budista tibetano.**

El paso implacable del tiempo

Las mujeres entablan sus amistades más íntimas en diferentes etapas de la vida. Hay muchas mujeres que tienen a su vieja amiga que las conoce mejor que nadie, la amiga que las recuerda como eran en los viejos tiempos, antes de tener hijos, hipotecas y complicaciones en la vida. Estas amistades giran a su alrededor y no en torno a los niños, son como una bocanada de aire fresco.

Si eres madre primeriza que incursiona en los primeros años de la educación de los hijos, es muy probable que te sientas abrumada. En esta etapa muchas mujeres sienten una gran soledad e inseguridad. Ya sea que te quedes en casa o ejerzas tu profesión, esos años en que careces de experiencia en todo y que te agobian pueden hacerte sentir que te mueres por un alma gemela (pero alguien que no sea tu esposo, quien está igual de abrumado). Algunas de las amistades más preciadas de las mujeres se constituyen justo cuando la nueva madre no puede ni hilar una oración, porque trae cargando a un niño mientras el otro grita a su lado. En esta lucha por formar a los hijos es donde le muestras al mundo tu verdadero yo y descubres la labor interior de tus amigas. En el proceso de constituir estas amistades se está fraguando una profunda confianza y comprensión mutuas. Charlotte, madre de cinco en Michigan, recuerda sus primeros días de madre como un tiempo de gran aislamiento. Solía ir al centro comercial empujando la carreola, con la esperanza de que alguien se le acercara para conversar. Las madres que regresan a trabajar se enfrentan también con algo difícil. A Janet, madre de dos niños, en Maryland, no le fue fácil conectarse socialmente con personas ajenas a la oficina, puesto que sus obligaciones en el trabajo y en la casa le dejaban poco tiempo para hacerse de amistades nuevas. Los fines de semana en el parque se sentía excluida del círculo de mamás, en tanto que todas las demás parecían tener una relación de pareja muy cómoda.

> *Mi padre decía siempre que si al morir tienes cinco buenos amigos, tu vida fue maravillosa.*
> **LEE LACOCCA, industrial.**

Encontrar a otras mujeres solidarias y pasar tiempo con ellas ayuda a que resientas menos el tiempo de novata. Muchas madres nos dijeron que tuvieron que aprender a ser menos pasivas y dirigirse directamente a la señora que acababan de conocer en la esquina, acercarse a desconocidas e iniciar una conversación con una extraña, incluso si se sentían inseguras o cansadas.

DEL PROBLEMA A LA SOLUCIÓN

Melinda, madre de tres, en Illinois

Melinda tenía dos hijos cursando la primaria y uno pequeñito; acababa de llegar a la ciudad. "¡Hablando de aislamiento! Veía a las mamás en el parque, en los cafés, en la clase de ballet y demás, y me quería unir a sus conversaciones", nos dijo. Luego conoció a una AP (amiga potencial, de nombre Mary, que tenía dos hijas). Se pusieron de acuerdo para que los niños jugaran un día, pero fue un desastre: sus hijos mayores eran difíciles y la chiquita gritaba todo el tiempo. Melinda se fue de ahí lamentando no haber tenido oportunidad de establecer un nexo con Mary. Al llegar a casa sonó el teléfono: era Mary, quien preguntó si quería que se vieran en el parque el fin de semana. La pasaron de maravilla, igual que los niños: "Cuando somos nosotras mismas, esas conexiones se dan a pesar de las circunstancias".

Más adelante, en los caminos de la maternidad, te encuentras rodeada de otros padres (y en especial de madres) en los festivales de la escuela, los eventos deportivos y las fiestas de cumpleaños. Haces amigas por casualidad. Suele haber un periodo de luna de miel en el que ves madres iguales a ti por todos lados, y te sientes parte de una maravillosa y fuerte hermandad femenina. Sin embargo, en los debates de nuestros grupos de enfoque y en nuestras vidas personales, hemos visto que la dinámica de la amistad cambia conforme crecen los hijos. Con frecuencia aparecen en escena la competencia y los celos. Todas tienen mucho que hacer y mucho menos tiempo, de modo que las madres mantienen las amistades fáciles y evitan las que les quitan tiempo. A veces hay conversaciones menos profundas u honestas entre las madres, por lo que no saben a quién recurrir o en quién confiar.

La danza de la amistad

Las buenas amigas, en general, saben por intuición cuándo te están pidiendo demasiado y cuándo pueden recargar todo su peso sobre tu hombro. Las viejas amigas que nos conocen desde hace mucho saben cuándo es hora de escuchar y cuándo es hora de hablar. Pero con las amigas nuevas las reglas no son del todo claras. Las mujeres con las que hablamos identificaron los siguientes puntos como las reglas no escritas más importantes de la amistad entre madres:

- **Haz lo que puedas.** Aunque es importante corresponder todo lo que se pueda, no tiene que ser toma y daca.
- **Escucha y habla.** Tómate tiempo para *escuchar* verdaderamente lo que dice tu amiga.

- **La humildad es el camino a seguir.** Es indispensable admitir puntos vulnerables de vez en cuando en ti y en tu familia.

- **La hospitalidad es clave.** Asegúrate de abrir las puertas de tu casa a los niños y a las amigas de vez en cuando. A mucha gente le encanta que la inviten y no le preocupa si la casa está impecable o si cocinaste recetas *gourmet*. Una hamburguesa a la parrilla, un plato de pasta o una ensalada rápida será más que suficiente. La camaradería en un ambiente cómodo es lo que cuenta.

- **Sé proactiva.** No esperes hasta que tu amiga te necesite. Llama, escribe y salúdala con frecuencia.

- **Los malentendidos: cara a cara.** Ser franca ayuda a evitar resentimientos; si tienes problemas con alguien, lo mejor es tratarlos con amabilidad pero directamente. Al conversar con otras amigas, ten siempre en mente que no externar tus quejas de las demás es un rasgo de amabilidad.

Muchas madres que trabajan nos comentaron que se sentían marginadas del grupo, en tanto que las madres que se quedaban en casa parecían muy cómodas y cercanas en su relación. Así es: para una mujer que trabaja y carece de flexibilidad de horario puede resultar más difícil tener una vida privada satisfactoria, lo cual no significa que sea imposible. Cuando te fijas como prioridad abrirte a diferentes oportunidades, te saldrán amigas nuevas de la coladera.

Aléjate de las personas que desprecian tus ambiciones. La gente pequeña siempre hace eso, pero quienes son realmente grandes te hacen sentir que también tú llegarás a ser grande.

MARK TWAIN, escritor.

Enfócate en las amigas que te llenan

A partir de la experiencia personal y de innumerables historias, hemos aprendido que, por falta de suspicacia, muchas madres quedan atrapadas en amistades que las vacían: la amiga insuperable cuyo hijo es un "genio", la que vive en constante crisis y que jamás escucha tus consejos o tu antigua alma gemela que no deja de expresar conclusiones negativas en cuanto a ti y a tus hijos después de no haberte visto durante años. Dada la energía que invertimos todos y cada uno de los días en mantener nuestras casas y a nosotras mismas funcionando bien, es importante que las madres se alejen de esas amistades que *vacían* en vez de *llenar*. Todas hemos experimentado la energía negativa que emana de una relación poco saludable. Esa amiga te hace sentir en podredumbre. Si es a propósito o no, no importa. En general, esas amigas no consideran la impresión que te causan. A veces las arrastramos desde la infancia; estamos tan acostumbradas a los papeles que hemos desempeñado tantos años que quizá ni siquiera nos percatamos del patrón, hasta que está firmemente arraigado. También puede suceder que nos demos cuenta de que una conocida amigable nos hace más mal que bien.

Es muy frecuente que no nos demos cuenta de que estas amigas afectan nuestro nivel de estrés hasta que llega a elevarse demasiado. Se necesita fortaleza para enfrentarse a una amiga de este tipo (para "romper" con ella), pero cuando damos y damos y damos, lo más conveniente es retirarnos.

ANNE DESCARTA LA BITÁCORA

"Una colega me preguntó un día cómo hacían mis hijos para participar en actividades o en partidos cuando yo estaba trabajando. Le expliqué que cuando no encuentro una niñera me apoyo en las amigas, las vecinas y la familia, que es grande. Luego me preguntó, algo sorprendida: '¿No sientes culpa de que tus amigas te ayuden más de lo que *tú* puedes ayudarlas? '

Cuando volví a trabajar mis hijos estaban metidos en toda clase de actividades, desde *Girl Scouts*, hasta natación y gimnasia. No quería que dejaran de hacer lo que les gustaba sólo porque yo había vuelto a trabajar. Encontré soluciones diferentes para cada día, pidiendo algunos favores a las amigas y las vecinas. Pero aquí es donde surge el problema: estaba tan consciente de que no quería abusar, que en mis días libres y fines de semana pasaba *todo el tiempo* llevando niños a lugares de diversión para compensar a las madres que me habían ayudado. Y para colmo, noté que estaba desesperada por corresponder los favores llenando eternamente mi casa de niños. De ese modo, mi familia no tenía un solo minuto de privacidad.

Había que cambiar algo. Empecé a buscar actividades para los niños a las que pudieran asistir los días o las tardes que yo estaba en casa. Cambié a mi hija de equipo de natación, porque sus horas de entrenamiento se adaptaban mejor a mi horario. Eso me permitió hacer cosas diferentes a vivir transportando niños y también le dio a mis amigas uno que otro descanso. Me sentía tan bien al decir: 'No te preocupes, yo los llevo y los recojo del entrenamiento', o, 'Me encanta poder llevarlos a todos a la reunión del sábado'. Demostrar consideración a los que me han ayudado es una manera excelente de decirles cuánto aprecio su esfuerzo.

Decidí que también necesitaba ponerme al frente de mi situación. Hay días en que los niños han querido participar en actividades y sé que no tengo manera de llevarlos. Es mi responsabilidad que hablemos con honestidad y explicarles mi horario de trabajo a las amigas de la ronda. Si ellas están dispuestas a llevarlos la mayoría de las veces, lo acepto y aprecio su ayuda en todo lo que vale. Con frecuencia les doy un regalito, una tarjeta, flores o algunas galletas hechas en casa para reiterarles mi agradecimiento.

En última instancia, me apoyo sobre todo en las amigas con las que existe confianza y comprensión mutua; las que sé que no llevan una bitácora y que entienden que todo lo que va regresa."

Una de las más bellas compensaciones de la vida es que ninguna persona puede tratar de ayudar sinceramente a otra sin ayudarse a sí misma.
RALPH WALDO EMERSON, escritor.

Todas tenemos distintos tipos de amigas para diferentes necesidades. Isabella, de Australia, tiene una antigua amiga que ha leído todos los libros de superación personal que existen. Esta amiga siempre está dispuesta a escuchar a Isabella y darle consejos sobre sus tres hijas sin hacerse la sabelotodo. Pero algunas veces prefieres a alguien que haya vivido las mismas experiencias que tú, en especial si se trata de un dolor profundo, una enfermedad o el enfrentamiento a una discapacidad de por vida. Se pueden crear relaciones extraordinariamente estrechas entre personas que se conocen por medio de grupos de apoyo en un hospital e incluso en los lugares más inesperados, como las tiendas que venden alimento especial o la sala de espera de un terapeuta. Y, a veces, son las personas de tu entorno más cercano las que llegan al rescate.

DEL PROBLEMA A LA SOLUCIÓN
Sue, madre de dos, en Massachusetts

A Sue le caía muy bien Anna, la mamá de la amiga de su hija. No socializaban mucho, pero conversaban (por teléfono o al recoger a los niños) sobre sus hijas y los asuntos relacionados con su crecimiento. "Le tenía confianza, y acudía mucho a ella en busca de consejo", explica Sue. De modo que cuando su hija necesitó clases especiales de matemáticas, Sue le pidió a Anna que le recomendara un maestro, pero se enfrentó a una respuesta inesperada. El hecho es que Anna había contratado a un maestro de matemáticas y no quería que nadie lo compartiera. "Creí que éramos amigas", le dijo Sue. "Pero me di cuenta de que me veía como competencia y decidí que no es ése el tipo de amiga que necesito".

Más adelante en el camino

Las distintas etapas de la vida nos ofrecen diferentes oportunidades de hacer amigas. La mayoría de las madres con las que hablamos estuvieron de acuerdo en que, cuando sus hijos entraron a la escuela, empezaron a moverse más entre "amigas de conveniencia": es decir, señoras que conocían por medio de las actividades de los niños. Si tu hijo juega basket o a tu hija le encanta el futbol, lo más probable es que conozcas a otros padres involucrados en estas actividades. Estas amistades fortuitas pueden salvarte la vida en un momento difícil. Aunque no los conozcas muy bien, sueles confiar en estas personas de manera implícita. Como tus hijos se relacionan con los de ellos, seguramente las ves con más frecuencia que a tus amigas de siempre.

SUSAN SE DA CUENTA DE QUE NO ESTÁ SOLA

"Un día soleado de mayo me encontraba en el jardín disfrutando las actividades de los niños. Hacía calor, el sol brillaba y los vecinos, grandes y chicos, se habían reunido a jugar. Los niños se habían manifestado contra el horario de la tarde. Vi a mi alrededor disfrutando del panorama: uno de los niños en patines, otro en bicicleta, uno más en patín del diablo y otro que daba vueltas de carro con los amigos en el pasto. Mi amiga Laurie, que realiza la ronda, acababa de llegar a dejarme a mi hija Cole que venía de la clase de gimnasia y, como suele suceder al dejar a los niños bajar del auto, se oyó el grito de: ¡Salgan todos! Todos los niños empezaron a correr y a jugar sin importar nada. ¡Qué buen momento de gozo, también para los padres!

Estábamos admirando los bellísimos ojos azules del bebé recién nacido de Laurie, cuando de pronto oímos un derrapón y un fuerte golpe, con un grito que nos detuvo el corazón. Era mi hijo Carl, se había caído del patín del diablo al salir a toda prisa de nuestro *garage*. Cerca de 15 personas lo rodeaban y él, tirado en el suelo, nos miraba con la cara cubierta de sangre.

Corrí hacia él y lo abracé. Estaba aterrorizada, principalmente por la sangre (se trataba de mi bebé). Laurie sacó de su coche el botiquín de primeros auxilios, mientras mi vecina Mary me decía con serenidad lo que había que hacer. Yo me sentía incapaz de pensar.

La sangre seguía fluyendo y yo mantenía abrazado a mi hijo, presa del terror. Entonces me di cuenta de que todos se acercaban y buscaban remediar la situación. Laurie había sacado un antiséptico, vendas y algodón; cualquiera hubiera pensado que era paramédica. Mary había llamado a mi niñera para planear quién tendría que ir a dónde. Metió a mis otros hijos a la casa, le habló a mi esposo para avisarle y luego decidió llevarme con Carl al hospital. El gran pánico se convirtió en una serie bien orquestada de actividades qué cumplir. Al paso de unos minutos mi corazón empezó a latir menos rápido y los temores de Carl disminuyeron. Ese día me percaté de que en casi todas las dificultades a las que me he enfrentado he recibido la ayuda inmediata de mi red de apoyo. Estoy agradecida por estos maravillosos amigos y mi comunidad."

> *Cada amiga representa un mundo dentro de nosotras,*
> *un mundo que posiblemente no nacería sin su llegada,*
> *y es sólo a través de este encuentro que ese nuevo*
> *mundo se muestra.*
> **ANAÏS NIN, escritora.**

Las amigas que hacemos en esta etapa de la vida realmente nos enseñan varias cosas valiosas. En otros momentos, nos acercamos a cierto tipo de personas formándonos un concepto de ellas con base en su aspecto o en lo que les gusta hacer. Pero una vez que te conviertes en madre, te das cuenta, junto con otras madres, de que los estereotipos salen por la ventana. Debbie, madre de dos, de Texas, tendía a acercarse a las mujeres que eran aplicadas en la escuela. Ella se considera de las de diez. Después empezó a trabajar en un comité de la escuela con otra mamá que era poeta y escribía canciones (del tipo artístico y disperso). Sorpresivamente, se entendieron de maravilla. Muchas mujeres han comentado cuánto han aprendido al hacerse amigas de otras mujeres con hijos mayores. Jean, madre de tres, en Illinois, comentaba: "Busco realmente madres mayores, porque me ayudan a ver las cosas en perspectiva y a dejarme de preocupar por pequeñeces".

Las madres pueden aprender tanto de las amigas que hacen las cosas de otra manera. Brigit, que vive en Inglaterra y tiene tres hijos, se fija muy bien en que sus nuevas amigas compartan sus valores pero tengan personalidades o formas de educar diferentes. Está convencida de que al oír voces que retan sus puntos de vista en cuanto a cómo hacer las cosas, se fortalece como madre.

DEL PROBLEMA A LA SOLUCIÓN

Julia, madre de dos, en California

A Julia le gusta viajar, ver películas y dibujar en su diario. Pero entre su trabajo de maestra y el cuidado de sus hijos, pocas veces tiene tiempo para hacer lo que le gusta. Su círculo de amigas se ha reducido a las madres que conoce por medio de la escuela de los niños. Cuando se puso a pensar en las personas con las que conversaba normalmente, se dio cuenta de que todas eran una copia al carbón de sí misma: madres de ambientes suburbanos, con valores idénticos y experiencias similares. Se metió entonces a una clase de dibujo en un pueblo vecino. El grupo es una mezcla de hombres y mujeres, solteros, casados, jóvenes, mayores, con y sin hijos. "Mi vida cambió. No es broma, me parece maravilloso volver a descubrirme a través de estas nuevas amistades", dice.

> *Si quieres comprensión, trata de dar un poco de lo mismo.*
> **MALCOLM FORBES**, financiero.

Qué gran comodidad es encontrar un terreno común con la gente. Los científicos han comprobado que los nexos sociales reducen el riesgo de sufrir enfermedades pues bajan la presión arterial, el ritmo cardiaco y el colesterol. John T. Casioppo, director del Center for Cognitive and Social Neuroscience de la Universidad de Chicago, considera que los vínculos estrechos pueden tener un efecto profundo sobre la actividad cardiovascular y neuroendocrina: en otras palabras, ¡la cercanía amorosa de una amiga baja la presión arterial! Así que pregúntate de vez en cuando: "¿Me he relacionado últimamente con alguna persona nueva? ¿Me satisfacen mis amigas o debería buscar mayor diversidad?"

Ayúdate a ti misma ayudando a los demás

Un tema que surge una y otra vez en nuestros debates con las madres es la manera en que podemos quedar atrapadas por nuestras propias vidas y olvidarnos de llegar a otros que quizá *nos* necesiten: una conocida, una antigua amiga olvidada o alguien del gran mundo que nos rodea. Resulta irónico el hecho de que cerrar inadvertidamente nuestra mente y nuestro corazón a quien quede fuera de nuestro círculo íntimo e inmediato, poco a poco puede tener el alto precio de reducir nuestro mundo y, por tanto, hasta el de nuestros hijos.

Es penoso admitir que en ocasiones tenemos que sufrir un descalabro para darnos cuenta de que debemos ayudar a los demás, no sólo a los amigos necesitados sino también a los extraños.

Con el paso de los años, a veces nos parece que todos los que nos rodean sufren más y más, ya sea a causa de enfermedades, de muertes en la familia o divorcio. Cuando una amiga de Katrin perdió súbitamente a su madre, todos sus amigos la apoyaron, no sólo en el momento sino también durante los arduos meses siguientes. Ese tipo de consideración y solidaridad significa todo para alguien cuya infelicidad puede hacerla sentir profundamente aislada. Caroline, madre de dos en Georgia, nos contó sobre la depresión de su amiga Jane, que era cada vez peor. Incluso para su esposo era imposible ayudarla a salir de este estado. Fue gracias a la intervención amorosa de un grupo de mujeres que Jane comenzó a ir a terapia y consideró la posibilidad de tomar medicamentos para la depresión. Las amigas verdaderamente necesitadas son las verdaderas amigas.

A la gente le gusta pensar en sí misma como generosa, compasiva y solidaria, así se sienten bien las personas. Aun cuando tus motivaciones altruistas sean egoístas, los efectos son sumamente benéficos. Diversos estudios han demostrado que los actos de altruismo hacen maravillas por ti al enfatizar tu sensación de control y de satisfacción. El doctor Martin Seligman, director del Centro de Psicología Positiva de la Universidad de Pennsylvania, explica en su libro *Authentic Happiness* que los principales elementos de la felicidad abarcan lo siguiente:

- **Placer:** reírse, divertirse, disfrutar físicamente algo como el sexo o el ejercicio.
- **Compromiso:** la *profundidad* de nuestra participación en la familia, el trabajo, el romance o las aficiones.
- **Sentido:** cuando usamos fortalezas personales para un fin de largo plazo.

Sorprendentemente, descubrió que el placer *no* es la mayor fuente de felicidad del individuo. "En Estados Unidos la vida se construye en torno a la búsqueda de placer. El compromiso y el sentido alternados tienen mucho mayor importancia", asegura el doctor Seligman.

Qué bien nos sentimos al ser amables con un vecino anciano o al participar en una obra de caridad con jóvenes entusiastas y llenos de esperanza. Y no hablamos aquí de hacer galletas para la venta de la escuela, sino de algo más serio: ir *más allá* de nuestro círculo normal.

Piensa en cuando te sientes por los suelos: todo es difícil, pero la vida de los *otros* parece más emocionante, o por lo menos con menores exigencias que la nuestra. Piensa después en lo que experimentas cuando haces algo que permite que *alguien más* se sienta muy bien: te sientes generosa y competente, sabes que tus acciones tienen sentido e impacto. Además, estableces una conexión con otros que puede tener mucha fuerza. Después de todo, cultivas lo que siembras y el mundo te tratará con amabilidad recíproca. En 2005, en un estudio realizado por la Universidad de California en Riverside, se constató que cinco acciones amables a la semana aumentaban de manera significativa la felicidad de los participantes, en especial si estas cinco acciones se realizaban en un solo día. Esto comprueba que podemos influir sobre nuestro nivel de felicidad y satisfacción al canalizar nuestra energía intencionalmente en obras de caridad.

La felicidad proviene de dar, no de recibir. Si tratamos de dar felicidad a otros, es inevitable que también la recibamos. Para tener alegría debemos darla, y para mantener la alegría debemos repartirla.

JOHN TEMPLETON, hombre de negocios.

Sin embargo, hay un problema: ¿qué pasa si no tienes tiempo y sumas otro punto a tu lista de cosas por hacer, el cual te es imposible abarcar? ¿Será posible salir de este estancamiento y hacer *una* sola cosa para corresponder?

Entablamos muchas relaciones positivas para nuestros hijos por medio de las conexiones saludables y amorosas que creamos con el mundo que nos rodea. No sólo generamos un modelo de lo que significa ser buena amiga, sino que también le damos a nuestros hijos el regalo de tener relaciones estrechas con otras personas. Nuestros hijos desarrollarán un sentido especial de comunidad y sabrán siempre que hay otras personas que están pendientes de ellos.

KATRIN DA UNOS PASITOS

"Justo después de que nacieron mis hijos, empecé a sentir una necesidad imperiosa de corresponder al mundo. Me sentía llena de bendiciones por tener hijos saludables, un esposo maravilloso y una familia y comunidad solidarias. De pronto, para donde volteara, veía a los menos afortunados. Las madres solteras, ¿cómo hacen para cubrir todo? Los prisioneros que cometieron errores terribles y necesitan *esperanza*. Los soldados, que se sacrifican por nosotros. Las mujeres víctimas de violencia. No pasa un día sin que sienta la injusticia de todas mis bendiciones ante tanto sufrimiento.

¿A dónde me llevarían estos nuevos sentimientos de gratitud y deuda?

Pues a ningún lado.

Lo único que podía hacer era atender a mis hijos durante el día, cuidar mi relación con Kevin, mantener la casa funcionando y trabajar en mi obra de pintura y escritura. Los últimos 20 años mi hermano dedicó su vida a hacer conciencia sobre el consumo de energía, mientras yo ni siquiera pude unirme a él comprando focos de bajo consumo. ¡Qué triste!

Luego mis hijos llegaron a la edad escolar y, aunque yo seguía careciendo de tiempo para salvar al mundo, sí me sentía capaz de dar un pasito en la dirección correcta. De modo que me inscribí al programa activo de la escuela para beneficio de la comunidad. Me sentí mejor, pero seguía sin hacer suficiente.

Cuando mi hijo mayor iba a cumplir diez años, comprendí por fin que mi destino me conducía a algo imperdonable: mis propios hijos crecerían centrados en sí mismos y consentidos. No podía permitirlo. ¡No les dejaría de herencia un letargo sin culpa!

Yo resumo todo en dar un paso a la vez en el momento. ¿Qué es lo que realmente me importa? *Aprender: el poder de las palabras y del conocimiento.* ¿Qué quiero enseñarles a mis hijos? *Que ellos hagan la diferencia.* Así que establecimos un sistema en el que parte de sus ahorros se donaba a una fundación para comprar material para los niños de las escuelas de Irak. Cuando vamos juntos a la tienda calculamos con cuántos dólares se pueden comprar cuántos libros, gomas, lápices y reglas. El mismo paquete de material que tienen mis hijos en sus manos, lleno de útiles para todos los días del año y que mis hijos tienen garantizado, lo tendrá en sus manos un niño de Irak.

Aunque no es mucho, un cierto esfuerzo (junto con la intención de hacer más poco a poco) es mejor que pensarlo y no hacer absolutamente nada."

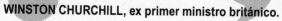

Vivimos de lo que recibimos, pero nuestra vida es lo que damos.

WINSTON CHURCHILL, ex primer ministro británico.

¿No es eso lo que ayuda a las madres a salir de etapas difíciles, saber que nunca estamos solas y que realmente podemos hacer la diferencia?

CONSEJOS DESDE LA TRINCHERA

▸ **Agradece a un mentor.** ¿Quién ha tenido una gran influencia en tu vida? Quizá sea tu maestro de quinto año, un viejo profesor de la universidad o un primo lejano. Siéntate unos minutos y piensa en lo que te enseñó esa persona. Escríbele una carta o, todavía mejor, invítala a comer o a tomar un café. Comparte con ese mentor las cosas maravillosas que él o ella te haya enseñado y dile: "¡Gracias!"

▸ **Verifica en tu círculo exterior.** De vez en cuando piensa en las personas que te agradan o que admiras y que navegan en los círculos exteriores de tu vida social. ¿Te has hecho presente ante ellas alguna vez? Alguna estará pasando por tiempos difíciles, háblale por teléfono. ¿Alguien que haya estado sola en el pasado? Pregúntale si ya encontró su camino. Otro padre que muere, mándale algo para decirle que piensas en ella. Decir a los demás que piensas en ellos adelanta mucho el camino para construir un mundo más amable y hospitalario.

▸ **Comete un acto esporádico de amabilidad.** En vez de pasar de largo frente a una persona de la calle, como sueles hacerlo, dale diez dólares. Pásate un sábado con tus hijos sirviendo comida en un albergue local de indigentes. Lleva juguetes a la sala de espera de un hospital. Dile a tus hijos que lleven flores a alguna vecina anciana. Haz una lista de todas las cosas (grandes o pequeñas) que puedes hacer con tus hijos para ayudar a alguien que lo necesite. No tienes que comprometerte a trabajar durante meses, sino sólo un día a la vez. Sé espontánea: cuando estés aburrida haz una buena acción, ¡en vez de ver la televisión o irte de compras!

▸ **Deshazte de los estereotipos.** Tal vez haya una mamá nueva entre las vecinas a quien no conoces bien y que siempre te ha parecido un poco rara. Quizá haya un nuevo estudiante en el grupo de tu hijo cuyos padres no conocen a nadie. ¿Alrededor de la cancha de *hockey*, de futbol o de *basketball* hay siempre una mamá o un papá solitarios? Haz un esfuerzo e invítalos a tu círculo. No hacer juicios anticipado ssobre alguien no conoces es un regalo para esa persona y para ti misma.

▸ **Haz algo inesperado por una amiga.** ¿Hay una amiga en la que confías más que en otras? Asegúrate de que sepa el gran valor que tiene su presencia en tu vida. Arma un *collage* con fotografías de ustedes dos juntas, invítala a comer fuera, mándale por correo una bonita tarjeta o hazle una pequeña fiesta sorpresa con unas cuantas amigas cercanas.

▸ **Tira tu carga emocional.** Toma nota de la amiga que te deja sintiéndote vacía en vez de satisfecha y pon cierta distancia. Retoma el control. Piensa en lo mínimo que necesitas para mantener la relación y no des más de lo que recibes. Por ejemplo, no es necesario que siempre le contestes el teléfono o le devuelvas la llamada. Puedes declinar amablemente sus invitaciones u ocuparte con otras actividades.

▸ **Perdona rápido.** Tal vez tengas una amiga que se ha vuelto olvidadiza y te ha abandonado. Quizá dijo algo cruel que lastimó tus sentimientos. Piensa en todas las veces del pasado que has contado con tus amigas cuando lo has requerido y perdona rápido los pequeños errores. Si se invirtieran los papeles, tú también agradecerías recibir el beneficio de la duda.

▸ **El poder del contacto humano.** El correo electrónico es una forma maravillosa de mantenerte en contacto con los amigos que se encuentran lejos. También es muy sencillo adquirir la costumbre de mandar correos a los amigos cercanos y muchas mujeres se limitan casi exclusivamente a eso. Pero conversar en tiempo real y escuchar el tono de la voz de la amiga crea una sensación totalmente distinta de intimidad. Si sientes que te falta contacto o que careces de él, toma el teléfono o programa ver a alguien. Es posible que te sientas más "plena" gracias a tus amistades.

▸ **Marca una noche de "chicas" en tu calendario.** Algunas forman grupos de lectura, otras planean noches de cine e incluso nos han comentado de las MBC (que los niños conocen como Madres Bien Comunicadas, pero que para ellas equivale a Madres en Busca de Copas). Cualquier salida que puedas imaginar; nada es más divertido que salir de casa y conectarte con tus amigas. Te da ilusión de hacer algo a la mitad de una semana de mucho trabajo y es una manera de conectarte con tus super amigas en ausencia del resto de tu clan.

▸ **Abre a otras las puertas de tu casa con frecuencia.** Es fácil que olvides tomar el teléfono para invitar a alguien, pero a todas nos encanta salir de nuestras cuatro paredes. Como no siempre podemos invitar a una cena maravillosa, terminamos por no ver a nadie. ¿Qué te parece fijar un día a la semana para jugar cartas y que cada quien traiga algo? ¿O ver tu programa de televisión favorito con tus amigas y botanear? Compartir risas con algunas amigas en un ambiente relajado es una manera espléndida de dar y recibir algo de amor.

¡PUSE EN PRÁCTICA LOS CONSEJOS!

Sally, madre de cuatro, en Massachusetts

"Tengo una vieja amiga que vive cerca, me visita y me llama mucho. Cuando se va me siento irritada y también culpable por sentirme así. Lo he intentado, pero al parecer no puedo darle lo que necesita de mí. En verdad me cansa. De modo que traté de no devolverle siempre las llamadas y de ocuparme más de mi trabajo, para que no me visite tanto. Ya se imaginarán, excusas por ahí, excusas por allá. No resolví por completo el problema, pero sí canalicé mayor energía positiva a mi vida."

7

LA IMPORTANCIA DEL CUIDADO PERSONAL

De nunca ponerte a ti primero, a cuidar todo tu ser

Por ahora sería bueno tomar como máxima que debes cuidarte tú misma para poder cuidar a los demás. Pero cuando en nuestra investigación lanzamos la pregunta: "¿Cuidas tu salud de la misma manera que la de tus hijos?", ¡ninguna mamá contestó que sí!

Afrontemos la realidad: a menos que tu salud sea tan buena por dentro como por fuera, vas a terminar peor por el cansancio, al igual que tu familia. Se trata de ver un panorama general. No sólo anhelas ser una madre amorosa y eficiente, sino también llena de energía, equilibrada y optimista, ¿verdad? Los descansos son imperativos para cuidar tu salud.

La renuencia a cuidarse a sí misma es comprensible. Quizá se encuentre al final de nuestra lista de prioridades. Después de todo, ¿a quién le gusta que le taladren los dientes? Prefieres terminar de lavar las sábanas o limpiar el baño que hacerte un Papanicolau o una mastografía. Y, ¿quién quiere gastar dinero en una niñera para poder acudir a inyectarse o sentarse a hablar con una terapeuta mientras los minutos pasan, los cuáles podrías invertir en algo provechoso, algo que sí cuente?

> " *La felicidad es sólo buena salud y mala memoria.*
> **ALBERT SCHWEITZER, científico.** "

Francamente, cuando eres joven no hay mucho que cuidar. Luego vienen los hijos y sientes como si tuvieras que ir al ginecólogo cada tercer día. Durante los años de embarazos sabes con exactitud cuál es tu presión arterial, o si tu nutrición es adecuada y tienes los expedientes médicos a la mano para disponer de ellos de inmediato para cualquier problema que surja. Si estos constantes cuidados causan o no molestias, todo lo haces por la salud de tu bebé.

Luego pasan los años y empiezas a notar pequeñas cosas. Tal vez te cansas con más facilidad o no te curas tan rápido. Los familiares y amigos se enferman y de pronto conoces a diez mujeres con cáncer de seno. Ataca la premenopausia. Comienzas a relacionarte con padres que envejecen. Dejas de sentirte invencible.

Sin embargo, definitivamente madurar no significa malestar y tristeza.

Toda mujer puede envejecer con gracia y vivir muchos años llena de energía, siempre y cuando se trate con cuidado y respeto. Ya que nadie nos cuida como nosotras cuidamos a nuestros hijos, tenemos que tomar las riendas y cuidarnos. En pocas palabras, es nuestra responsabilidad. Kayte, madre de dos, en

Maryland, advirtió: "No me quedo en cama aunque me sienta fatal. Nadie va a ir a acomodarme las almohadas". Hay que cambiar eso a partir de hoy.

> *El ojo espiritual se desarrolla al empequeñecerse el ojo físico.*
> **PLATÓN, filósofo griego.**

Las promesas huecas no funcionan. Para ser las mejores madres y mujeres del mundo tenemos que poner nuestro bienestar físico y mental al principio de nuestra lista de prioridades. El cuidado personal no constituye otra serie más de obligaciones sin sentido, puesto que nos traerá, igual que a nuestros seres queridos, beneficios tangibles.

De no contar con suficientes horas en el día, a hacer que sea realidad

Hay estudios que demuestran que cuando las mujeres tienen presiones de tiempo descuidan su dieta, el ejercicio y el sueño. "Sacrificar los hábitos saludables de la vida para tener más tiempo durante el día, no es la solución", dice la doctora Kathryn Lee, profesora del Departamento de Cuidados de Salud Familiar de la Universidad de California en San Francisco, en un estudio realizado en 2007 por la Fundación Nacional del Sueño. "De hecho, puede resultar dañino para la buena salud y el rendimiento", agregó la doctora. Peggy, de Massachusetts, madre de tres hijos mayores, admitió que cuando sus hijos eran pequeños, nunca, ni una sola vez fue al doctor: "¡Imagínense cuánto tiempo ahorré sin ir a esas citas!".

No todas podemos contar con tan buenos genes y tan buena suerte. ¿Creen que valga la pena correr el riesgo?

Entonces, ¿de qué manera compensan las mujeres las diversas situaciones de estrés que enfrentan en su vida diaria? Definitivamente, de otro modo que no sea haciendo ejercicio: según datos del 2005 del Departamento de Salud y Servicios Humanos de Estados Unidos, 66 por ciento de las mujeres *nunca* participa con vigor en actividades físicas que le diviertan más de diez minutos a la semana. ¡Por semana, no por día! En cambio, buscan remedios rápidos como la cafeína, el alcohol, medicamentos calmantes y pastillas para dormir. Hasta comer resulta ser un gran apoyo.

Pero, ¡lo terrible es que todo esto puede ser contraproducente! Mientras más cafeína tomas, más alterada te sientes y descansas menos. Una o dos copas de vino en la noche para relajarte también hacen que te sientas cansada al día siguiente. Tomar medicamentos por cuestiones de salud mental puede ser un regalo de Dios para la madre esclava del tiempo, pero también puede ocultar problemas subyacentes muy profundos que podrían abordarse mejor con terapia periódica.

No hay vuelta de hoja: debemos tomar en serio nuestro cuidado personal, lo cual significa enfocarse en tres áreas principales:

▸ **Cuidado personal diario:** arreglo, nutrición y ejercicio.
▸ **Cuidado personal periódico:** exámenes médicos anuales y análisis de rutina.

▸ **Cuidado personal holístico:** salud mental, especialistas médicos y terapias alternativas.

> *El verdadero pecado contra la vida es abusar de la belleza y destruirla, incluso la propia. Con mayor razón la propia, puesto que está en nuestras manos y somos responsables de su bienestar.*
>
> **CATHERINE ANNE PORTER, escritora.**

Sin embargo, es verdad que, al parecer, todo lo necesario para cuidar tu salud personal equivale a un trabajo de tiempo completo que se suma a todas tus demás obligaciones. Pero con algo de imaginación y una planeación muy meticulosa, *sí* es posible cubrir esa lista metódicamente y asegurarnos de no sufrir ansiedad o dolores innecesarios. A continuación te presentamos algunas recetas estratégicas y rápidas que conocemos y que te ayudarán a cumplir con esas citas que tanto aplazas:

▸ Pide a una amiga o a una vecina adolescente que cuide a los niños un par de horas para que puedas hacerte una revisión médica.

▸ Cada vez que hagas una cita para tu hijo, piensa en tu propia salud: ¿necesitas ir a consulta médica por un dolor en el hombro, una punzada en la pierna o dolores de cabeza frecuentes? Que ésa sea la *próxima* llamada telefónica que hagas.

▸ Pregunta si tu médico atiende por la noche. Hay muchos que sí lo hacen.

- Haz tu cita al terminar el día de trabajo y encuéntrate con tu esposo en el consultorio para que después cenen fuera juntos.
- Lleva a tus hijos al doctor con un libro para leer o con material para iluminar mientras esperan.

Lo más importante de todo es que recuerdes que tu familia te necesita sana de mente y cuerpo, de modo que tu cuidado personal, ¡no se negocia!

Esos sueños profundos tan escurridizos

¿Recuerdas cuando nacieron tus bebés y te arrastrabas durante el día después de haber dormido unas cuantas horas interrumpidas? Te las arreglabas porque sabías (o esperabas) que pasaría pronto y porque no tenías otra opción. Ya que crecieron los niños, tal vez tu trabajo, algún pasatiempo, las responsabilidades o tu horario te mantienen despierta durante la noche. Para muchas mujeres la carencia de sueño profundo termina siendo un problema que las agobia mucho después de que sus hijos comienzan a dormir perfectamente toda la noche.

De acuerdo con el Instituto Nacional de Desórdenes Neurológicos e Infarto, la cantidad de sueño que requiere cada mujer varía mucho, dependiendo de diversos factores que incluyen la edad. Pero, "dormir muy poco genera una 'deuda de sueño' que equivale a sobregirarse en el banco. Poco a poco tu cuerpo exigirá el pago de la deuda". Al madurar, aumentan nuestras responsabilidades y preocupaciones, y el sueño se anhela cada vez más, pero sigue siendo insuficiente.

Una encuesta realizada en 2007 por la Fundación Nacional del Sueño informa que 60 por ciento de las mujeres en Estados Unidos declara disfrutar de "un sueño reparador" sólo unas cuantas noches a la semana. Ya sea que la madre trabaje fuera o se quede en casa, los datos revelan que los problemas de sueño son muy similares. Aunque casi las dos terceras partes de las madres que permanecen en casa dijeron que pasan más de ocho horas por noche en la cama, casi 75 por ciento de ellas confesó sufrir síntomas de insomnio dos o tres noches a la semana. Se trata de una mayoría significativa. Y a pesar de que las madres que trabajan tiempo completo, en general, pasan menos de seis horas en la cama, informan de dificultades similares a las de las madres que se quedan en casa, en cuanto al sueño durante la noche y a amanecer frescas.

DEL PROBLEMA A LA SOLUCIÓN

Julieta, madre de cuatro, en Nueva York

La mayoría de nosotras tiene claro cuántas horas de sueño necesita diariamente para recargar por completo las baterías. Julieta negocia cinco minutos adicionales con el despertador cada mañana. "De verdad necesito dormir para ser humana", dice. Durante años funcionó durmiendo únicamente cinco horas por noche, hasta que se dio cuenta de que ésa era una de las principales razones por las que siempre se sentía alterada con sus hijos. Actualmente se va a dormir, casi todas las noches, tempranito a las 8:30 p. m. "Me salto algunas cosas, como los trastes o platicar con mi esposo, ¡porque si no duermo lo suficiente no puedo cumplir con todo!", insistió.

Fíjense en esto: las madres que trabajan medio tiempo son las que duermen mejor: 50 por ciento afirma estar en la cama ocho o más horas por noche y la mayoría de ellas refiere que su sueño es continuo y estimulante. Entonces, ¿cuál es el secreto? ¿Será que la combinación equilibrada entre trabajo y horas en casa hace que las madres que trabajan medio tiempo se ubiquen a sí mismas en uno de los primeros lugares de su lista de prioridades?

Es una posibilidad: ¡tú también lo puedes hacer!

> *Hay sólo una cosa que a la gente le gusta y que es benéfica: dormir bien toda la noche.*
> **EDGAR WATSON HOWE, escritor.**

Pero ¿qué sucede si te vas a la cama cuando lo necesitas y te das cuenta de que no puedes dormir ni mantenerte dormida? Antes de recurrir a los somníferos, intenta alguna de estas soluciones sencillas:

▸ Ponte tapones en los oídos, los venden en cualquier farmacia, y cúbrete los ojos con un antifaz de seda. Apaga la luz, cierra las persianas y apaga cualquier aparato electrónico que vibre o parpadee.

▸ Trata de no realizar ninguna actividad intensa, como hacer ejercicio, antes de irte a acostar. ¿Qué te hace sentir tranquila antes de dormir? ¿Ver la televisión en la cama? ¿Leer?

▸ Escucha música tranquila, instrumental o con sonidos de la naturaleza, como agua corriendo.

▸ Revisa tu tolerancia a la cafeína. ¿Será que estás tomando cafeína en horas cercanas a la noche? Recuerda que a veces es un ingrediente oculto en algunos productos, como: refrescos, tes y chocolate.

▸ Que tu esposo y tus hijos te correspondan en favores y quédate dormida hasta tarde una mañana de fin de semana; eso se acreditará a tu deuda de sueño. Pero no olvides que los expertos dicen también que si tratas de dormir y despertar más o menos a la misma hora todos los días, será más fácil conciliar el sueño.

▸ Si despiertas a la mitad de la noche, combate la urgencia de levantarte. Ve sólo a prepararte alguna bebida caliente (sin cafeína), siéntate después diez minutos y haz una lista de lo que pase por tu mente. Quizá descubras que escribir las cosas evita que sigan dándote vueltas en la cabeza.

El estrés y la conexión mente-cuerpo

No debemos subestimar el impacto que puede tener el estrés constante y directo sobre la salud y el bienestar de una madre. Cuando ignoras tu necesidad de descansar y relajarte, o no encuentras cómo sacar tu energía de manera saludable, el estrés puede aumentar y seguir aumentando hasta que explotes. Todo el mundo ha vivido momentos así: o pierdes el control en la oficina o lo pierdes en la casa, o bien absorbes en tu cuerpo el estrés y te enfermas. ¿Sabías que el estrés produce úlceras, dolor en la mandíbula, presión alta, dolores de cabeza, problemas dermatológicos y de peso, depresión y nerviosismo, entre innumerables afecciones igualmente desagradables? ¡No, gracias!

Según las directrices del Hospital General de Massachusetts, las alarmas del estrés se ubican en seis categorías básicas:

- **Física:** problemas para dormir, dolores de cabeza, zumbidos en los oídos, dolores de espalda.
- **Conductual:** actitud crítica, rechinido de dientes, exceso de alcohol, tabaco o comida.
- **Emocional:** llanto, aburrimiento, sensación de presión, enojo, soledad.
- **Cognitiva:** falta de creatividad, pérdida de memoria, incapacidad de tomar decisiones, pérdida del sentido del humor.
- **Espiritual:** duda, incapacidad de perdonar, martirio, apatía.
- **Relaciones:** aislamiento, resentimiento, ostracismo, pérdida del apetito sexual.

Si notas que persiste cualquiera de estos síntomas, es importante que trates de combatir la causa de raíz. Quizá tengas que llevar a cabo varios cambios mayores en tu vida. Sandy, madre de dos adolescentes, en Florida, nos dijo que había sido víctima de muchos de estos síntomas durante años (hasta que acabó teniendo migrañas), antes de darse cuenta de que ignorar los síntomas no servía de nada. Y, ¿cuál era el núcleo del problema? En parte era su ambiente: a Sandy le disgustaba la calle ruidosa en la que vivía. Tuvo que sobreponerse para admitirlo y decir: "Me quiero cambiar de casa".

Hay más hambre de amor y de reconocimiento en el mundo, que de pan.
MADRE TERESA, misionera.

DEL PROBLEMA A LA SOLUCIÓN

Marybeth, madre de tres, en Wisconsin

Una noche Marybeth estaba bañando en la tina a sus dos niños cuando el mayor entró y empezó a molestarlos. El caos general se instaló de inmediato. "Cuando me canso, grito, y me avergüenzo de mí, pero no puedo controlarme", asegura. De modo que dio rienda suelta a los regaños. Después se vio reflejada en el espejo. "¿Quién es esa loca?", pensó. "Estaba aterrorizada por mi transformación." Cuando Marybeth acumula estrés y no le da una salida, acaba desquitándose con sus hijos. Pero cuando va a caminar en horas fijas, toma clases de ballet o baila en casa con sus hijos, se convierte en una nueva mujer. Trabaja por contrato como actriz y entre una temporada y otra se esfuerza por incluir alguna actividad en su vida, para evitar volverse de nuevo esa loca que vio en el espejo.

¿Qué pasa si la causa del estrés es la vida misma? ¡No te desesperes! Hay muchos pasos manejables que puedes dar, empezando hoy mismo, que te ayudarán a tomar la dirección correcta. Entre otros desestresantes comprobados se cuentan:

▸ Hacer ejercicio intenso (hasta que sudes).

▸ Dormir suficiente (para la mayoría de las mujeres, por lo menos siete horas diarias).

▸ Tener lapsos periódicos de paz: sin ruido, sin medios de comunicación, sin conversación, sólo silencio.

▸ Compartir los problemas con las amigas, el esposo, la pareja o con un profesional.

▸ Comer saludablemente.

▸ Tener relaciones sexuales.

Tu aspecto día a día

Si eres una madre que se queda en casa, tal vez hayas observado el fenómeno de las madres que siempre se ven cansadas y visten de pants todo el día. ¿De qué sirve hacerse un corte de cabello bonito, maquillarse o vestirse bien? Si te pasas todo el día corriendo detrás de los niños y limpiando tu casa que es una zona de desastre, es fácil olvidar que la apariencia cuenta.

¿No estamos asumiendo una postura superficial? ¡No! Veamos las cosas tal como son: es muy difícil sentirnos fuertes, atractivas y dueñas del control si nos vemos horrendas. Marieta, madre trabajadora de Italia, concluía que lo mejor de haber regresado a su trabajo después de haber tenido a su tercer hijo fue volver a vestirse bien y peinarse todos los días. Ni siquiera se había dado cuenta de lo insignificante que se había sentido todos esos años en que no se preocupó por su apariencia.

> *Escucha la sabiduría de tu cuerpo que se expresa a través de señales de comodidad e incomodidad. Cuando elijas un determinado comportamiento, pregúntale a tu cuerpo: ¿cómo te sientes?*
>
> **DEEPAK CHOPRA, escritor**

A continuación presentamos tres remedios comprobados (y sumamente sencillos) que nos compartieron las madres y que significaron una auténtica diferencia en su vida diaria:

▶ Las mujeres que visten ropa "de verdad" a diario se sienten mejor. Las prendas infantiles, de tallas mayores o los trajes elásticos para hacer ejercicio no muestran "respetabilidad", como lo hacen un buen par de jeans y una playera planchada.

▶ Quienes se tiñen el cabello o se hacen luces deben cuidar el arreglo de la raíz y tratar de tener siempre un buen corte. Hay estudios que demuestran que lo primero en que se fija la gente es en el cabello de los demás.

▶ Hacer un pequeño esfuerzo adicional para maquillarse un poco, ponerse un par de aretes y un par de zapatos que no parezcan de abuelita (aunque no vayan a ver a nadie "importante") hace que las mamás se sientan más humanas.

Eres lo que comes

¿Qué tal te sientes cuando te acabas el pollo frito o una deliciosa bolsa de papas fritas saladas?, ¿llena de perniciosas grasas transgénicas? Todo va bien mientras comes, pero los alimentos ricos en grasas saturadas y transgénicas, en sal y en azúcar al final te hacen sentir aletargada e hinchada, y no digamos culpable.

Todas sabemos que la relación de las mujeres con la comida puede ser complicada, nosotras tres somos los testimonios vivientes de ello.

LA OBSESIÓN DE SUSAN CON LA DIETA

"Cuando abro mi cartera y me sumerjo en sus profundidades para buscar timbres postales o alguna antigua tarjeta de visita que tenga guardada, muchas veces veo de reojo mi membresía vitalicia de Weight Watchers, que data de 1988. ¡Es increíble que la nutrición se haya alejado de mi mente hace tanto tiempo!

Al terminar la universidad me esmeré mucho en controlar mi peso. Probé con dietas fuertes, remedios rápidos y barritas mágicas que se supone que te bajaban de peso al comerlas. En el supermercado, cualquier cosa que indicara dietético caía de inmediato en mi carrito. Tomaba muchísimo café durante el día y en la noche cenaba brócoli con mostaza. Me desvelaba trabajando, dormía poco y anduve de prisa muchos años.

Cerca de los 35 años me sentía lenta todo el día y en la noche despertaba varias veces. Para cuando nació nuestro cuarto hijo (yo había subido y bajado 25 kilos cuatro veces), decidí que necesitaba tomar las riendas de mis hábitos alimenticios, puesto que me afectaban en todo. Durante los embarazos me acostumbré a complacer todos mis antojos, y sabía que tenía que ponerle un alto a esa locura (comprar sandwiches grandes de pavo con tocino, aguacate y doble mayonesa), que no me beneficiaría en nada a la larga, sin mencionar que ya estaba harta de sentirme eternamente cansada.

Lo primero que hice fue investigar sobre nutrición. Busqué en línea, en revistas, en libros y le pedí a mi doctor que me recomendara un nutriólogo (pagado por mi seguro). Después me enfoqué en mis reacciones con la comida. Aprendí que lo importante para mí no es lo que indique la báscula, sino lo que me hace sentir la comida. Si ceno muchas cosas que engordan, como pescado con salsas cremosas o un opulento *mousse* de chocolate, voy a sufrir al día siguiente. Ahora ya soy capaz de reconocer las señales de mi cuerpo: si me muero por proteína, como una pieza de pollo a la parrilla o atún; si lo que necesito es azúcar, me como una manzana. Trato de comprar productos frescos, de temporada, y descubrí que estar preparada con lo que yo llamo un "refrigerador feliz" me acerca a mi meta de una vida saludable.

En vez de ir a Weight Watchers cada viernes, subo a los niños en el camión de la escuela y voy junto con mi vecina a pesarme, para sentirme apoyada: '¿Tú cómo vas?' Contar con alguien para comentar periódicamente nuestros objetivos en cuanto a nutrición nos ayuda a tener los pies sobre la tierra y a conectarnos por completo con nuestro yo."

Una vez que las mujeres tienen hijos suelen descubrir que su cuerpo reacciona diferente ante la comida. Su metabolismo puede volverse más lento y quizá tengan más hambre o se sientan más aletargadas.

Al igual que otras muchas amistades femeninas, la unión entre nosotras tres se basaba en parte en nuestras múltiples disertaciones acerca del peso: antes de los bebés, después de los bebés y, ¡en cualquier punto intermedio! Cada una tenemos un rango de peso en el que nos sentimos cómodas y, la verdad, vivimos en lucha constante para mantenerlo o llegar a él. Sabemos muy bien la facilidad con que se obsesionan las mujeres con los kilos que marca la báscula, sea medio kilo, cinco o diez. Pero por experiencia podemos decir que: no vale la pena angustiarnos por detalles. No importa lo que indique la báscula o tu índice de masa corporal (IMC). Lo que cuenta en realidad es que te sientas fuerte, llena de energía y segura de ti misma: el punto es que en general te sentirás con más energía y más positiva si no llevas muchos kilos de sobra.

DEL PROBLEMA A LA SOLUCIÓN

Teresa, madre de tres, en Massachusetts

Teresa tenía la costumbre de pesarse todas las mañanas. Si había subido medio kilo, se pasaba el día enojada. Si eran dos o tres, se sentía inconsolable. Si bajaba algo, todo estaba bien. "Era como vivir constantemente en la montaña rusa y terminé por marearme", decía. Cuando regresó a trabajar ya no tuvo tiempo para pensar en comer o pesarse y empezó a olvidarse de su peso diario. "Con solo darme cuenta si la ropa me quedaba justa o grande me sentí mucho mejor. Se acabó la obsesión", explicó.

Por todos lados puedes encontrar diversas fuentes que te aconsejen cómo desarrollar hábitos alimenticios sanos. A partir de nuestra experiencia personal y por el gran número de mujeres con quienes hemos hablado, aprendimos estos consejos prácticos para medirnos más con la comida:

▸ Come sólo cuando tengas hambre y detente en cuanto te sientas satisfecha. Parece fácil, ¿no? Si te acostumbras a escuchar a tu cuerpo, nunca tendrás que ponerte a dieta de nuevo.

▸ Dale importancia a disfrutar lo que comes y hazlo siempre sentada a la mesa y con los utensilios adecuados.

▸ No hay alimentos prohibidos. ¡Así es! Come todo lo que te guste, pero no en exceso. Controla las porciones, que deben ser del tamaño de un puño (nuestro, no de un gigante).

▸ Come una porción pequeña de carbohidratos compuestos (por ejemplo, arroz integral), proteínas (como pollo, pescado o frijoles) y muchísima verdura en la comida principal. También la fruta es buena.

▸ Perdón, pero el alcohol tiene muchísimas calorías y te inclina al consumo de alimentos que no son saludables, como papas con aderezo (además de que provoca que tengas más hambre al día siguiente). De modo que con el alcohol puedes adoptar la ley de una: ¡una vez por semana o una copa por fiesta!

▸ Trata de reducir tu ingestión de azúcar y de sal, sazona con hierbas. Recuerda que comer es un hábito muy fuerte y con el tiempo llegará a gustarte la comida más simple, con sabores menos intensos.

▸ Aprende a leer con muchísimo cuidado la lista de ingredientes de todo lo que compras. La comida baja en calorías puede tener un alto contenido de azúcar, lo cual provoca hambre. Evita consumir mucha sal, azúcar (miel de maíz alta en fructosa que está en todas partes), conservadores y grasas transgénicas o saturadas.

▸ Trata de que los alimentos que ingieras se encuentren lo más cerca posible de su estado natural: pan integral, no blanco; pechuga de pollo orgánica, sin marinar ni preempacada; alimentos preparados en casa en vez de comida comprada y verduras frescas, no de lata. Cualquier cosa blanca o sin color, como arroz, pan y pasta, no es tan saludable.

La Asociación Americana del Corazón recomienda tomar diariamente ácido graso Omega 3 o suplementos de aceite de pescado (los aceites de nueces, de pescado y los naturales, como el de oliva, son saludables); deja los suplementos alimenticios, ya que los nutrientes adecuados se adquieren por medio de los alimentos. También sé precavida con suplementos de hierbas: el hecho de que sean "naturales" no significa que sean seguros. Es buena idea preguntarle al médico qué necesitas.

> *La expectativa de vida aumentaría a pasos agigantados si las verduras verdes olieran a tocino.*
> **DOUG LARSON, medallista olímpico británico.**

Uno, dos, a la derecha, a la izquierda...

Claro que hacer ejercicio no es sólo para verse bien, sino también para sentirse bien. Para muchas el ejercicio marca la diferencia entre el malhumor y la paciencia. Para algunas significa correr maratones y para otras subir las escaleras en el trabajo. Cada quien tiene su nivel de habilidades y necesidades.

Hacer ejercicio conlleva muchos beneficios: contrarresta la acumulación dañina de grasa corporal y disipa la energía nerviosa que puede traducirse en estrés. De acuerdo con un estudio publicado en 1999 en el *New England Journal of Medicine*, quien camina cinco o más horas a la semana (a velocidad de cinco o seis kilómetros por hora) reduce a la mitad el riesgo de infarto y quien camina rápido 30 minutos diarios lo disminuye un tercio. Y fíjate en esto: con el ejercicio también puedes curar el insomnio, que es tanto síntoma de estrés como estresante por sí mismo.

Las mujeres con las que hablamos identificaron los siguientes cuatro puntos como motivadores clave para mantenerse haciendo ejercicio:

- ▸ **Entender los beneficios.** La recompensa en términos de salud es enorme y se refleja directamente en tu calidad de vida, mejorándola.
- ▸ **Regularidad.** ¿Te puedes comprometer a realizar actividad física tres o cuatro veces por semana? Todas sabemos que si nuestro horario incluye tiempo para hacer ejercicio, aumentan las posibilidades de que jamás lo hagamos. En cambio, hacerlo cuando tienes ganas te quita la flojera.
- ▸ **Satisfacción personal.** El ejercicio intenso incrementa tu sensación de satisfacción. Muchas mujeres reconocieron que

el ejercicio les levantó la moral porque sentían que habían logrado algo que valió la pena. Y un buen tono muscular, ¡tampoco se desprecia!

▸ **Intentar algo nuevo.** Todas estuvieron de acuerdo con que les aburren los viejos patrones de siempre. Miranda, de Nueva York, madre de gemelos, cambió de la caminata a nadar en YMCA y redescubrió su entusiasmo por los retos físicos.

> *Nada hace más bella a una mujer que el hecho de que ella misma crea que es bella.*
> **SOPHIA LOREN, actríz.**

DEL PROBLEMA A LA SOLUCIÓN

Yvonne, madre de uno, en Virginia

A Yvonne nunca le gustó hacer ejercicio, pero como a su médico le preocuparon sus altos niveles de colesterol y su aumento de peso, le ordenó que se pusiera en actividad, de inmediato. No sabía qué hacer. Ir al gimnasio era un tormento chino. ¿Pesas, clases de *spinning*? Mortales. Una amiga le sugirió inscribirse en un equipo de futbol femenil de la comunidad y empezó a jugar una vez a la semana. Ahora dice que sacar su agresividad en el campo de futbol, además de hacerla sentirse fuerte y saludable, le ayuda a mantenerse equilibrada: "En vez de estar siempre pendiente de lo que falta hacer, puedo estar en casa, tranquila". Y por si fuera poco, tiene algunas amigas nuevas.

Lo ideal es que toda mujer que se acerque a la madurez se concentre tanto en la actividad cardiovascular como en correr o hacer aerobics (algo que haga sudar y que acelere el corazón), y también un ejercicio de resistencia (levantar pesas). Así se mantiene sano el corazón, se adquiere buen ánimo y se mejora el tono muscular. El ejercicio con pesas tiene el beneficio adicional de ser bueno para los huesos, algo importante para las mujeres con riesgo de osteoporosis.

Revisiones médicas

Seguramente que no lo piensas dos veces para llevar a tus hijos a su examen médico anual. Debes hacer lo mismo contigo. Al pasar los años, hay ciertos asuntos de salud que debes tomar en serio y es vital que los programes con anticipación. La clave es hacer una lista maestra personalizada de citas médicas a las que debes asistir cada año para cuidar tu salud, y entonces ubicarlas metódicamente en tu calendario.

En la medicina preventiva son indispensables los siguientes cuatro exámenes, dependiendo de la edad de la mujer y de su historia familiar:

▶ **Visita anual al médico.** Según los médicos generales, las revisiones básicas deben incluir:
  - Examen de la vista que descarte glaucoma (puede hacerlo una vez al año el oftalmólogo).
  - Estudio de la piel por riesgo de verrugas precancerosas (se puede hacer una vez al año con el dermatólogo).

- Papanicolau para prevenir el cáncer cervical (puede hacerlo anualmente el ginecólogo).
- Revisión de la presión arterial.
- Análisis de orina para descartar diabetes.
- Examen de los senos (debe hacerse un autoexamen en casa con la mayor frecuencia posible).
- Prueba de esfuerzo con ecocardiograma para saber en qué condiciones se encuentra el corazón.
- Análisis de sangre para conocer el funcionamiento del hígado, los riñones y los niveles de colesterol.

▸ **Cita con el dentista.** Cada seis meses para limpieza y revisión.

▸ **Mastografía.** Cada año después de los 40 (antes, si tienes antecedentes de cáncer en la familia).

▸ **Colonoscopía.** Según la Sociedad Americana de Cáncer, a partir de los 50 años debe hacerse este estudio, a menos que en la familia existan antecedentes de cáncer de colon. Si éste es el caso, debe hacerse la primera colonoscopía a los 40, o diez años antes de la edad en la que se diagnosticó al pariente más joven (lo que sea primero). Dale seguimiento cada cinco a diez años, dependiendo de la recomendación del médico.

Toma en cuenta el historial de tu familia, y consulta a tu médico para asegurarte de que no pases por alto algo importante. Hay muchas enfermedades como cáncer, problemas de los ojos o del corazón que pueden evitarse con un cuidado personal eficiente.

DEL PROBLEMA A LA SOLUCIÓN

Dawn, madre de dos, en Washington

Dawn tenía un poco más de 20 años y un bebé recién nacido cuando su padre, antes de cumplir 60, murió de un infarto. Pocos años antes, él había empezado a cuidarse mejor: dejó de fumar y de beber, eliminó el azúcar de su dieta y comenzó a hacer largas caminatas para fortalecer su corazón. Pero fue muy poco y demasiado tarde. El dolor de perder a su padre de manera tan repentina hizo que Dawn revisara profunda y objetivamente sus propios hábitos: "Me dije a mí misma: quiero seguir aquí para que mis hijos cuenten conmigo. Supe que si no empezaba *en ese momento* a pensar en el panorama general de mi salud, pondría todo en riesgo".

> *La buena fortuna es lo que sucede cuando la oportunidad y la planeación se unen.*
> **THOMAS ALVA EDISON, inventor.**

Cavando más profundo

Ser saludable no se limita a la nutrición, el ejercicio y los exámenes periódicos. También se relaciona con no perder de vista cómo está uno mentalmente y tratar con un especialista cualquier tipo de complicación. Tendemos a esconder bajo la alfombra los problemas emocionales profundos con la esperanza de superarlos eventualmente, pero puede llegar un punto en que la situación sea insostenible.

ANNE AFRONTA LA REALIDAD

"Tenía 32 años cuando nacieron mis gemelas, y definitivamente más energía que ahora, diez años después. Me creía invencible. ¿Un examen médico anual? Mmmm, tal vez sí, tal vez no. ¿El dentista? No, si lo puedo evitar ¿Cortarme el cabello? Sólo que estuviera muy desesperada. Si alguna vez llegué a alguna de estas citas, fue quizá después de tres intentos fallidos. Siempre se interponía algo en el camino (alguna confusión con la niñera, una mejor invitación de una amiga o que se me olvidara ver el calendario ese día).

Pasaron los años. Empezaron a aparecer las canas y las arrugas. Tenía una endodoncia por aquí, un diente roto por allá. Las alergias atacaron. Se volvió imposible que manejara de noche porque no veía nada. Luego, la gente a mi alrededor (de mi edad) empezó a enfermar. A una amiga le diagnosticaron cáncer de seno, a otra de piel y a una más problemas de tiroides. En mis noches de insomnio, cada vez más frecuentes, me ponía a pensar que si me estaba empezando a desmoronar por fuera, lo mejor era ir al médico y asegurarme de que todo estuviera bien por dentro.

Pero, ¿de dónde iba a sacar tiempo para ir sin que todas las cosas de la vida me obstaculizaran el camino?

La noche de Año Nuevo pasado hice un propósito: empezar a cuidarme de adentro hacia afuera. Hacer citas y asistir contra viento y marea. Le dije a mis hijos y a mi esposo lo que estaba haciendo y juré que nada me lo impediría. '¡Si es necesario que todos me acompañen, los llevo!', insistí.

Hice una lista. ¡Qué impresionante!, era larguísima. Alergólogo, dermatólogo, oftalmólogo, examen médico anual, corte de cabello, dentista, terapeuta y ginecólogo. Seguí la lista hasta que cubrí todas las citas. Sí, es una gran molestia, toma mucho tiempo y hay que hacer malabares, pero ya estamos a mitad de año y ¡no he faltado a una sola cita!"

> *La medida de la salud mental es la disposición de encontrar el bien en todos lados.*
> **RALPH WALDO EMERSON, escritor.**

Una noticia impresionante: las grandes depresiones se presentan el doble de veces en mujeres que en hombres, y 14.8 millones de estadounidenses las padecen en cualquier momento de su vida, de acuerdo con un artículo publicado en 2003 por el *Journal of the American Medical Association*. Pero la depresión no es la única enfermedad que hace su aparición con el paso de los años. Sarah, madre divorciada de un hijo en California, comentó que cuando su hijo dejó de ser pequeñito empezó a sentir una enorme ansiedad sin saber por qué. Hasta después de ver a un terapeuta supo que la relación con su propio padre dominante la había llenado de profundas inseguridades a las que de pronto tenía que enfrentarse otra vez.

Actualmente, en las consultas de rutina la mayoría de los médicos familiares (en especial las mujeres) les preguntan a sus pacientes cómo están manejando su vida emocional: ¿Cómo va la familia? ¿El trabajo? ¿Cómo te sientes? Al enfocar el panorama general del paciente pueden detectarse problemas que apenas inicien, para conservar la salud tanto física como mental.

Hacer malabarismos con todas las exigencias de la vida adulta puede traerle complicaciones psicológicas a las madres, y a veces necesitamos que nos den una mano para aprender a manejarlas. El estigma de consultar al "loquero" pasó de moda hace mucho. Pide a tu médico que te recomiende a alguien, porque esa ayuda puede marcar la diferencia entre sufrir en silencio y sentir confianza en ti misma, con una perspectiva positiva ante el futuro.

Pensar fuera de los estereotipos

Las madres son, extraoficialmente, la primera estación de la familia camino al doctor. De acuerdo con un estudio que llevó a cabo en 2003 la Kaiser Family Foundation, 80 por ciento de las mamás desempeñan el papel principal para elegir al médico familiar y llevar a sus hijos a las citas. En nuestra investigación descubrimos que, por el bien de los niños, las madres suelen pensar fuera de los estereotipos cuando se imaginan cómo enfrentarse a retos como el autismo, desórdenes de atención y alergias severas.

En ocasiones, cuando hay que dar tratamiento a los niños, la forma convencional puede parecer demasiado agresiva o clínica. O quizá hayan intentado todo sin que nada funcionara, pero no están dispuestas a darse por vencidas. Joan, madre en Michigan, tiene tres hijos con alergias terribles. Una amiga le habló de las sesiones curativas con energía *Chi*: "Nunca pensé que funcionara, pero la realidad es que mis hijos pueden pasar la primavera, ¡sin estornudar y sin ruidos respiratorios! Además, el proceso fue catártico de cierta manera".

KATRIN SIGUE ADELANTE

"Hace unos cinco años, decidí ponerme en forma. Mi ánimo andaba bajo y no tenía intenciones de verme en traje de baño durante el siguiente milenio. De modo que empecé a correr con mayor regularidad y fui también al gimnasio. Me puse a hacer ejercicio en serio.

Después de estos esfuerzos, me sentaba frente a la computadora a trabajar y me pasaba por la mente la idea de abusar del ejercicio: ¿por qué estás tan cansada?, si nada más corriste hoy unos cuantos kilómetros. La próxima vez tengo que correr más. Así que al día siguiente corría más o más rápido. Quedaba exhausta. Volvía a sentarme frente a la computadora y pensaba: ¡Ay, tienes que ser fuerte! Puedes hacer más todavía. Muchas veces tenía que detenerme a la mitad de la carrera porque me sentía sumamente cansada. Empecé a levantar pesas para ver si eso me fortalecía, pero en vez de estar mejor cada día me sentía peor.

Como tengo hipotiroidismo (por lo que tomo medicamento a diario para regular mi metabolismo), se supone que debo ver al endocrinólogo por lo menos una vez al año y hacerme análisis de sangre. No había asistido a mi cita de septiembre y ya estábamos en mayo. Entonces se me terminó el medicamento y pasó todo un mes sin que fuera por él. ¿Por qué? Quién sabe, estaba demasiado ocupada para preocuparme por eso.

Fue hasta el verano que decidí hacerme los análisis de sangre. Cuando entregaron los resultados del laboratorio la doctora me llamó de inmediato. '¿Puede usted mantenerse de pie?', me preguntó.

'¿Por qué me lo pregunta? Sí, sí me puedo mantener de pie.'

'¿No se ha estado sintiendo exhausta?'

'Bueno, en realidad, ahora que me lo dice . . .'

Sucede que tenía una anemia severa (había muy poco hierro en mi sangre), y no entendían por qué. Después de hacerme varios estudios, incluso una colonoscopía, supe que tenía algo que se conoce como enfermedad cilíaca. Significa que mi cuerpo ya no puede tolerar el glúten, por lo que comer trigo me producía mareo.

Sentí una mezcla de alivio y desesperación al recibir la noticia. Nada de pan, pasta ni cerveza (qué decepción). Pero por lo menos supe que no tenía la culpa de lo que yo pensaba era flojera. ¡Fue como una llamada del despertador! Hasta ese momento me di cuenta de lo exigente que había sido conmigo misma."

¿Qué tal si usamos nuestra imaginación al considerar las terapias que nos pueden ayudar? Quizá sea bueno experimentar opciones no convencionales ante los retos físicos y mentales que tienes como adulta abrumada por el trabajo, en especial si ya estás cansada de que te entreguen una receta escrita de antemano, rápido, rápido y se acabó, que sucede tantas veces en los consultorios médicos tradicionales. La medicina occidental convencional se enfoca sobre todo en resolver un problema particular (por ejemplo, por medio de cirugía o medicación), prestándole menos atención a lo preventivo. La práctica holística o alternativa de curación considera la mente, el cuerpo y el espíritu de la persona para identificar el desequilibrio subyacente que causa la enfermedad. Cada vez tienden a unirse más estos enfoques fundamentalmente diferentes ante la enfermedad y la curación. Fíjate en esto: el bastión tradicional de la enseñanza, Harvard Medical School, ¡cuenta ahora con un profesor de medicina alternativa!

> *El médico del futuro no recetará medicinas, sino que despertará en el paciente interés en el cuidado del marco humano, en la dieta, y en la causa y la prevención de la enfermedad.*
> **THOMAS ALVA EDISON, inventor.**

Queda claro que la medicina tradicional y la alternativa tienen beneficios y limitaciones, pero el uso de ambas en conjunto puede ser la clave para una vida más saludable. Para investigar más, pide a tu médico que te recomiende a alguien, puede ser un doctor de confianza, incluso amigo o familiar. Asegúrate de que con quien quiera que llegues tenga pruebas verificables de cierto éxito en el tratamiento que pretendes iniciar y que esté dispuesto a trabajar con otros profesionales de la salud que participan en tu vida.

Algunas de las opciones alternativas más comunes son:

- **Quiroprácticos:** principalmente para problemas de la columna, pero también para infecciones del oído, migrañas y artritis.
- **Acupuntura:** aunque parezca increíble, puede tratar todo, desde dolores crónicos a agudos, desórdenes neurológicos digestivos e inmunológicos, adicciones y depresión, ansiedad e insomnio, según informa la Organización Mundial de la Salud.
- **Meditación y visualización:** ayuda al manejo del estrés, la depresión, la ansiedad y el insomnio.
- **Terapia craneosacral:** reduce el estrés mental, el dolor de cuello y espalda y algunos padecimientos nerviosos crónicos.

La maternidad implica una vida de intenso esfuerzo físico y mental a lo largo de todo el camino en cualquier etapa en que te encuentres, así que es fácil que postergues tus necesidades de cuidado personal. Pero en nuestra experiencia, asumir la responsabilidad de ponerte a ti misma primero, porque nadie más lo hará, es lo que marca la diferencia entre la vida equilibrada de un hogar y la vida en que te sientes desatendida, no apreciada y totalmente exhausta.

Trabajar por la salud de nuestro cuerpo alimenta nuestro yo interno y no sólo ayuda a que nos convirtamos en "mamis lindas". ¿Qué significa esto en la práctica? Significa aceptarnos a nosotras mismas en toda nuestra gloria imperfecta, mientras empujamos a nuestro cuerpo a funcionar bien para que un día lleguemos a ser abuelas saludables, activas y en busca de aventuras.

CONSEJOS DESDE LA TRINCHERA

▸ **Haz una lista maestra personalizada de tus revisiones médicas.** Considera las citas que debes hacer, tanto con médicos generales como con especialistas. Crea un documento en tu computadora (para que puedas aumentar o borrar lo necesario) que incluya todo y te indique con qué frecuencia debes hacerlo. Escribe en esa misma lista el teléfono de cada uno de los médicos importantes. Por ejemplo, si tienes más de 40, necesitarás una mastografía anual. Teclea el nombre y el teléfono de tu médico y el mes en que quieres hacerte tus estudios cada año.

▸ **Pon esas citas dentro de tu calendario.** El principal impedimento para ir al médico o al dentista es tener que tomar el teléfono y hacer la cita antes que todo. Pero si lo tienes en tu calendario, hay menos posibilidades de que te lo saltes. Así que saca tu lista maestra de doctores y siéntate al teléfono. Llama a todos y cada uno y escríbelo en tu calendario maestro. Si es necesario, podrás hacer cambios más adelante, pero nunca volverás a tener una excusa para no hacerte limpieza dental o ir al seguimiento de tu terapia física. Si lo haces la primera vez, después será mucho más fácil, pero asegúrate siempre de programar tu siguiente cita antes de salir del consultorio del doctor.

▸ **Dirígete hacia una meta física.** Para comprometerse a tener un estilo de vida activo, es útil contar con objetivos claros, como poder bailar sin que te falte el aire, entrar a una carrera de cinco kilómetros, intentar llegar al final de un triatlón o ser capaz de aumentar peso o rutinas en el ejercicio de resistencia. Todo es relativo: decide qué es lo correcto para ti y fija una meta alcanzable, pero que represente un reto. Que tu peso no sea la meta, sino más bien un logro físico que mentalices para trabajar en función de él.

▶ **Enfócate en el *glamour*.** ¿Cómo se da un saltito adicional en el camino? Tal vez cuando te acabas de cortar el cabello o cuando sientes la piel tersa y suave. Tómate tiempo para regalarte semana con semana una rutina de belleza que te haga sentir de maravilla: frota el cuello y los hombros con loción aromática, depílate las piernas con cera (en casa o profesionalmente) o píntate las uñas de manos y pies con un esmalte de color alegre. No cuesta mucho dinero permitirse estos detalles, sólo un poco de tiempo y esfuerzo.

▶ **El cuidado de la piel es elemental.** Las mujeres que se ven y se sienten hermosas suelen tener una piel "resplandeciente". Esto se debe, en general, a rutinas importantes de cuidado de la piel que mantienen su rostro limpio y humectado. Haz del cuidado de tu rostro una prioridad: exfóliate dos o tres veces a la semana, ponte protector solar todos los días, úntate abundante crema después del baño y siempre desmaquíllate en la noche. En todas las farmacias se venden productos faciales de bajo costo que pueden marcar la diferencia entre verte cansada y sentirte fresca.

▶ **Piensa cuando vas al supermercado.** Al hacer la compra de la casa, ¡no te olvides de ti misma! Anota en tu lista semanal de compras la comida que te gusta y que necesitas, y no sólo la que quieren los demás miembros de la familia. Así podrás prepararte una ensalada fresca y llenadora (con algo de proteína como pollo o atún y un poco de grasa con aceite de oliva o nueces), en vez de picar los nuggets de pollo de los niños cuya grasa tapa las arterias.

▸ **Compensa el caer rendida temprano.** Muchas madres se van a la cama a una hora inconcebiblemente temprana (si es que lo logran) porque saben que necesitan dormir. ¿Quién se sacrifica? ¡El marido! Esa hora de la noche en que los niños ya están en la cama o que están tranquilos haciendo su tarea es normalmente el momento en que las parejas se reconectan. Si necesitas esos momentos para reponer horas de sueño, asegúrate de encontrar tiempo alternativo para conectarte con tu pareja: tal vez una caminata temprano en la mañana antes de que los niños se despierten, una cita fija para comer o alguna cena fuera ocasionalmente.

▸ **Lleva un registro de tu ciclo menstrual.** A muchas mujeres les cambia el carácter y el cuerpo en esos días del mes. Utiliza tu calendario de bolsillo para hacer algunas notas pequeñas sobre tu ciclo. Pon una nota especial cuando te des cuenta de que estás más irritable de lo normal, cuando tengas más hambre o menos, y, lo más importante, cuando te sientas fatigada. Incluso puede ayudar incluir si tienes dolor de cabeza, en la mandíbula o quizá en la espalda. Todos éstos son signos de cambios hormonales que también pueden causar el estrés. De esta manera serás más consciente de tus "síntomas característicos" y te prepararás antes de que te ataquen.

▸ *Glup, glup, glup:* **H$_2$O.** Beber muchísima agua es crucial para nuestro bienestar. Todas deberíamos tomar cuando menos ocho vasos de agua simple al día. El agua no tiene químicos, aditivos ni calorías y aporta innumerables beneficios a la salud: remueve las toxinas y los desechos del cuerpo, mantiene la piel hidratada y radiante, ayuda a bajar de peso, reduce los dolores de cabeza, ¡y estimula la digestión!

▸ **Observa la relación comida-energía.** A todas nos han aleccionado hasta el cansancio para que llevemos un diario de la comida, pero éste es diferente. Para saber qué dieta nos conviene más como individuos, necesitamos saber cómo nos hace sentir la comida. Cuando bebes demasiado alcohol, la cruda del día siguiente te indica que te excediste. Pero ¿qué pasa cuando comes demasiado pan, carne roja o dulces? ¿Notas algún cambio en cómo te sientes al día siguiente? Experimenta eliminando uno o dos artículos de tu repertorio y fíjate si hay una modificación positiva en tu nivel de energía.

> *Tú eres la única persona viva que tiene la custodia de tu vida. De tu vida en particular. Del total de tu vida . . . no sólo de la vida de tu mente, sino de la vida de tu corazón. No sólo de tu cuenta bancaria, sino de tu alma.*
>
> **ANNA QUINDLEN, escritora.**

PUSE EN PRÁCTICA LOS CONSEJOS!

Casey, madre de dos, en Connecticut

"Yo estaba en plena forma, pero luego me llené de ocupaciones y creo que de flojera. Cuando noté que me empezó a faltar el aire al subir una escalerita me di cuenta de que era hora de hacer algo. Probé la sugerencia que hicieron de ponerme a mí misma una meta y pensé: ¿Qué podré hacer? Algo intenso y divertido. Decidí entonces inscribirme a una carrera. Empecé a correr un kilómetro cada tercer día en la caminadora. Al principio me tardaba 13 minutos. Cada semana mejoraba un poco la marca, hasta que el mes pasado llegué a cinco kilómetros, en 10 minutos por kilómetro. Acabo de inscribirme a mi primera carrera de cinco kilómetros y debo decirles ¡que es increíble!"

8

EL PODER DEL MENOS

De vivir en la locura, a lograr mayor control

Casi cualquier madre con la que hables te dirá que lo que más anhela es la sensación de control. La vida de las mujeres se atiborra tanto de actividades y posesiones, que separarlas y organizarlas puede convertirse en un auténtico dolor de cabeza. Lo curioso es que aunque las madres con las que hablamos sienten que hacen más, ganan más y tienen mucho más cosas, en realidad todo lo disfrutan menos.

Sin embargo, no es lo mismo para todas. Algunas mujeres han emprendido el camino de lograr mayor control sobre sus ocupadas vidas quitándole capas a sus adquisiciones y a sus actividades. Así, se liberan de diversas maneras: cuentan con más espacio para respirar y pensar; disminuye su ansiedad de comprar, clasificar y organizar; y, lo mejor de todo, tienen mayor paz mental (por no decir tiempo) para emplear en actividades que les encanta realizar con sus familias.

Muchas mamás admiten que se sienten ahogadas entre tantas cosas, y aunque la mayoría prefiere que los fines de semana estén menos llenos de actividades, al final sucumben a la presión de seguir siempre adelante. ¿Recuerdas tus viejos tiempos de niña, cuando salías a jugar en un columpio de llanta y te entretenías horas y horas, o cuando ahorrabas moneditas para comprarte un disco sin el que te parecía imposible vivir? Al parecer, esa notable sencillez es lo que en general le falta a nuestra agitada vida moderna.

El solo hecho de ser madre significa que acumularás objetos, quieras o no. Mientras crecen los niños, todo les va quedando chico. Sus actividades se vuelven cada vez más complicadas, empiezan a practicar muchos deportes, necesitan libros nuevos y un mejor equipo. Sin darte cuenta, te ves rodeada de zapatos, chamarras, artículos artísticos y de manualidades, cuerdas para saltar, patines del diablo, bicicletas oxidadas y cascos. Sharon, madre de tres, en Massachusetts, dice que en su casa su marido es el culpable: es tan "excesivo", casi no se puede caminar por el pasillo por todos los tenis, implementos de pesca, trajes de neopreno, raquetas de tenis y pelotas que invaden todo. Además de lo que se acumula en el proceso normal de vivir, con el paso de los años empiezas a heredar reliquias familiares como muebles, libros y cuadros. ¡Parece no tener fin! ¿Sabías que el alquiler de bodegas en Estados Unidos ha aumentado 36 por ciento desde 2001? Según un artículo que apareció en 2007 en el *New York Times*, la superficie de bodegas que se rentan equivale al triple de la superficie de Manhattan. ¿Por qué será esta industria una de las de mayor crecimiento en Estados Unidos? Porque tenemos tantas cosas que ya no caben en nuestras casas.

Desperdiciar algo es peor que perderlo. Llegará el momento en que toda persona que se considere hábil tendrá siempre en mente la cuestión del desperdicio.
THOMAS ALVA EDISON, inventor.

Pero el desperdicio es el nuevo paria. En este momento crucial de la historia, en que nuestra cultura masiva empieza a asumir una postura de pensamiento más mesurada y de vanguardia ante el mundo y sus recursos, las madres comenzamos a sentir el poder. Podemos optar por inclinarnos hacia una posición más sencilla y menos materialista en la vida y sentir con eso un gran bienestar. Reciclar, volver a usar o, sencillamente, no permitir el exceso hace que muchas madres se sientan llenas de energía y comprometidas a hacer cambios que produzcan un impacto positivo en su futuro y en el de sus familias.

Es absolutamente cierto que menos es más. Cuando hay tantas madres abrumadas que añoran la sencillez sobre todas las cosas, ¿cómo pueden estar tan atrapadas en acumulaciones complicadas e infinitas? ¿Será posible que estemos felices con menos? ¿No podríamos decir: "ya basta"?

Estar abierta a lo inesperado

Hemos hablado ampliamente de simplificar nuestras agendas personales para que, al fin mujeres, construyamos nuestras necesidades personales como prioridad, tomando descansos privados. Pero cuando el calendario de nuestra familia está lleno de invitaciones a los niños, festejos escolares, encuentros deportivos, torneos y actividades enriquecedoras (sin contar las citas de Tracy con el ortodoncista, la de Sean con el oculista o llevar a Violet con su tutora), ¿de dónde sacamos tiempo para que nuestras familias respiren?

> *Volver complicado lo sencillo es lugar común; simplificar lo complicado. . . es creatividad.*
> **CHARLES MINGUS, músico.**

La gran mayoría de las madres con las que hablamos, tanto en Europa como en Estados Unidos, se sentían presionadas (tanto por la sociedad como por sus hijos) a seguir siempre un ritmo acelerado. Un indicador claro del impulso competitivo en la Unión Americana es la actitud ante la juventud atlética. En 2005, un artículo publicado en el *New York Times* decía que hace 25 años sólo 10 por ciento de los niños que trataba el doctor Lyle Micheli, director de Medicina del Deporte del Hospital Infantil de Boston, presentaba lesiones por exceso de ejercicio. Esa cifra aumentó hasta 70 por ciento. Todo empieza con una gran inocencia, cuando la niña de cuatro años participa en un partido de futbol con las vecinas. Pero antes de que te percates, ya forma parte del equipo itinerante y tú pasas horas en el coche. Además, se aumentan otras actividades y aficiones (que se consideran necesarias para el enriquecimiento de los hijos en una formación completa) y, en un abrir y cerrar de ojos, ¡todo se vuelve un desastre!

DEL PROBLEMA A LA SOLUCIÓN

Tory, madre de dos, en California

Los hijos de Tory casi eran adolescentes cuando se dio cuenta de que su horario estaba fuera de control. Su esposo y ella casi no se veían porque estaban dedicados a llevar a los niños de aquí para allá o comprando miles de cosas. Le era difícil recordar la última vez que se habían sentado todos en familia a divertirse con un juego de mesa, o a conversar después de una cena prolongada. "Un día, de pronto, me di cuenta de que los extrañaba a todos", dijo. Tory decidió tomar el control del horario y decidir qué debía eliminar. "Fui implacable quitando cosas", explicó, "porque entendí que yo era el capitán del barco y que, si quería paz, era yo quien tenía que declararla".

De hecho, muchas mamás están tan acostumbradas a estar siempre ocupadas que en realidad evitan tener tiempo libre. Julie, madre de un niño mayor, en Maryland, nos contó que su prima trabaja tiempo completo y es incapaz de quedarse sentada un instante. También los niños siempre tienen algo que hacer o traen en la mano algún aparato electrónico que los mantiene ocupados. "Siempre están tensos, son incapaces de relajarse", declara Julie. Ser imaginativa toma tiempo para reflexionar sobre el mundo y sobre ti misma. Darle un espacio a ese tiempo representa un regalo para ti misma y para tu familia. Susan, madre de dos en Nueva Jersey, confirma que su semana de trabajo comienza dentro de un marco mental mejor, si el fin de semana pudo relajarse con su familia: "Para mí, el fin de semana no es un espacio para hacer cosas, es el espacio para estar juntos como familia".

ANNE

"Soy una persona activa por naturaleza, la vida es demasiado emocionante para no experimentar todo. Como tengo gemelas idénticas, nada me parecía más importante que darles la oportunidad de diferenciarse, por lo que propicié que probaran muchas cosas para ver qué se adaptaba a su personalidad. Vivir con esta idea me generó un horario sumamente intenso, ¡más aún cuando nació mi hijo Jay! Siempre había actividades nuevas, caras y cosas adicionales para que mis hijas experimentaran. Pero no me malinterpreten. Me encantaban nuestras aventuras.

Al parecer, ya habíamos hecho de todo: ensayo de teatro, equipo de natación, karate, ballet, futbol, *lacrosse*, *hockey* y pintura. Pero hay un problema: también me gusta comprometerme a fondo en todo lo que hago. Y siempre llego tarde, lo cual no sólo es desagradable para mí, que me enloquezco tratando de recuperar el tiempo perdido, sino que también empieza a ser desagradable para todos, incluyendo a las niñas.

Me es imposible contar las veces que voy saliendo para algún lado, como al entrenamiento de futbol o al juego de *lacrosse*, cuando llega una amiga a saludarme rápidamente. Sin darme cuenta, me quedan cinco minutos para llegar al campo que está a 12 minutos. Dejo que pasen todavía uno o dos minutos (estoy contenta y me interesa lo que dice), pero termino por cortar la conversación bruscamente.

Al salir del *garage* me siento frustrada. Mi hijo o las niñas preguntan a qué hora se supone que tenemos que estar en el entrenamiento. Y yo contesto con mi frase hecha: '¡Todavía podemos llegar a tiempo!' (cuando sé muy bien que sólo nos quedan dos minutos). Inevitablemente, aparezco en el estacionamiento 10 minutos tarde, con el corazón agitado, sudando y con los niños enojados.

Me ha tomado muchos años darme cuenta de que si no pongo un poco de orden para disfrutar el momento cuando se presenta, me estoy perdiendo lo mejor de la vida. Decidí que necesitaba lapsos para dejar que el día se desarrollara, por lo cual ya puedo terminar una conversación telefónica con una buena amiga o tomarme cinco minutos para saludar a la vecina. Me he vuelto mucho más selectiva con lo que hacemos y he aprendido a decir no, tarea que no fue fácil. Así, me han quedado unos cuantos minutos adicionales para ver a la maestra en la escuela o para consolar al hijo que se raspó la rodilla. En realidad, es muy sencillo: prefiero estar tranquila que enloquecida."

Si tu hijo se cae del patín del diablo y tienen que tomarle una radiografía, ¿tienes que hacer 10 llamadas para cancelar actividades durante el día? Si una tarde de sábado en que tu hijo de siete años sugiere que vendan juntos boletos para una rifa, que vayan a la tienda de la esquina sólo por divertirse o que hagan un trabajo para la clase de arte, ¿podrás acomodar en tu horario alguna de estas actividades inesperadas? La mitad de la alegría de la vida radica en estar abierta a las posibilidades que surgen por sí mismas de la nada. No sabemos el gozo que puede encontrarse a la vuelta de la esquina, siempre y cuando tengamos un poco de espacio para acomodar lo inesperado.

Naturalmente, la gente tiene actitudes por completo diferentes en cuanto al tiempo libre. A las madres tipo A les gusta estar ocupadas; las madres tipo B prefieren un ritmo más lento. Lo que hemos descubierto es que, aunque seas irrefrenable con un horario repleto de acción y que eso te mantenga contenta, poco a poco llegarás a un punto de saturación.

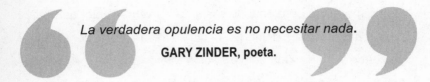

La verdadera opulencia es no necesitar nada.
GARY ZINDER, poeta.

En ocasiones hay que buscar y establecer un ritmo que se ajuste a tu estilo en vez de permitir que tu horario te abrume. En última instancia, hay que ser proactiva y no reactiva. Si te mueres por pasarte una tarde en el museo con tu hijo mediano, cancela su sesión con la tutora, pospón la junta de la comunidad o di que no puedes pintar la escenografía para la obra de teatro de la escuela.

Aquello que marcarás en tu calendario representa opciones que tú decides en cuanto a lo que quieres y cuándo lo quieres. Intenta renunciar a algo para retomar otra cosa.

La avalancha de adquisiciones

La mayoría de nosotras poco a poco nos damos cuenta de que tener muchas cosas no nos hace felices necesariamente (a pesar de que ir de compras es divertido). Dawn, madre de dos, en Oregon, opina: "Si nunca adquiriera una cosa más, podría continuar así el resto de la vida y no pasaría nada". Muchas mujeres llegan al punto en que sus posesiones empiezan a convertirse en una carga, requieren un manejo especial y provocan distracción. Las mujeres con las que hablamos que vivían en espacios reducidos tenían en general una notable sensación de haberse liberado del impulso de comprar (al no tener capacidad de almacenamiento se inhibe el deseo de comprar).

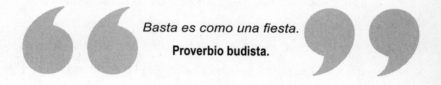

Basta es como una fiesta.
Proverbio budista.

Detengámonos un momento a pensar en el efecto que causa en nuestros hijos llenar nuestra vida de cosas y actividades. Madeline Levin, autora de *The Price of Privilege*, dice que cuando los niños tienen un horario demasiado intenso "carecen de tiempo, tanto literal como psicológico, para dedicarlo a la exploración interna, precursora necesaria de un sentido del yo bien desarrollado". Muchas madres con las que tuvimos contacto se quejaban de lo desgastante que es controlar el deseo voraz de sus hijos por tener más cosas nuevas y mejores. Nuestra cultura de consumo ha influido tan profundamente nuestra noción de la educación que nos mortifica negarle a nuestra hijita su recámara de princesa, un lujoso vestido de fiesta o permitir que nuestro hijo sea el único del grupo que no tenga teléfono celular, aun cuando no podamos correr con estos gastos. Y no se diga lo que nos preocupa si nuestros hijos en realidad necesitan el más reciente programa de la computadora que les ayudará a destacar en la escuela, su propia computadora portátil o el costosísimo juego electrónico que "garantiza impulsar el aprendizaje".

SUSAN DESCUBRE SU CAPACIDAD ARTÍSTICA

"Apenas se acerca octubre se me empieza a acelerar el corazón. Durante ese mes hay tres cumpleaños de los seis que somos en mi familia, además de que cuatro de los siete días de descanso principales suceden en el lapso de dos meses. Hace tiempo me asustaba esta época del año. Sentía pánico por las invitaciones de los niños a fiestas, los dulces de *Halloween*, las bolsitas de recuerdos, buscar el pavo, los regalos de Navidad, y demás.

Inevitablemente, a mediados de diciembre andaba como loca buscando el juego perfecto para pintar dinosaurios o un telescopio mediano con todas las características necesarias para ver de noche. Como tengo cuatro hijos, siempre traté de que el número de regalos fuera razonable y equitativo, pero mi urgencia de comprar se me iba saliendo de control.

El año pasado decidí tomar las tardes libres para bordar en paz por lo menos una hora. Había empezado un cojín con motivos deportivos para mi hijo Hugh desde enero, ¡y esperaba terminarlo antes de que se fuera a la universidad!

Ese tiempo de paz me dio la oportunidad de aquietar mi mente, ser creativa y trabajar con una meta. A principios de noviembre supe que quizá podría terminar mi labor para Navidad. Trabajé despacio y disfruté minuto a minuto. Después de todo, si lo que estaba haciendo era bordar, se trataba de algo relajante por definición.

El día de Navidad abrimos nuestras espléndidas botas de Santa Claus y compartimos historias maravillosas en un desayuno especial en casa de mis padres, antes de que llegara el momento de dar los regalos grandes. Vi a Hugh con mi mullido paquete rectangular en las manos y supe que había llegado el momento de la verdad. Cuando le quitó la envoltura fue hacia mí y me dio el más fuerte abrazo de su vida, sin que yo se lo pidiera. Como no es nada aficionado a dar abrazos, este momento fue precioso para mí. Le gustaban mucho los otros regalos "grandes" que le tocaron, pero la mayor alegría la recibió con el cojín. Lo usa todas las noches para dormir.

Es curioso que una actividad tan sencilla nos hubiera dado a ambos esa enorme alegría. Y dándole un poco la vuelta, ¡lo que me hizo descansar es justo el cojín donde descansa él ahora su cabeza todas las noches!"

No es sorprendente el hecho de que el mercado de juguetes educativos sea el sector de mayor crecimiento en la industria. Según un boletín publicado en 2007 por Harvard Business School, una compañía de nombre Leap Frog que fabrica equipo electrónico de lectura cobró popularidad tan rápido que se convirtió en la tercera fabricante de juguetes de Estados Unidos en sólo siete años. ¡Es muy difícil decir no a tus hijos cuando se trata de algo que crees que les dará una ventaja!

¿Cuál es tu postura al respecto? ¿Cómo te sientes cuando discutes con tu familia sobre lo que necesitan y quieren? ¿Te parece abrumador? ¿Cedes con frecuencia aunque interiormente sepas que es un exceso?

> Ten esto siempre en mente: se necesita muy poquito para vivir feliz.
> **MARCO AURELIO, emperador romano.**

Quizá descubras que mientras menos llenes tu vida de objetos y actividades, más desarrollarás y disfrutarás tu vida interior. Tanto niños como adultos que cuentan con espacio mental pueden hacer lo siguiente:

▸ Disfrutar la soledad y la paz.
▸ Descubrir su propia felicidad.
▸ Derivar placer del pensamiento reflexivo y de ser creativos.
▸ Disfrutar la espontaneidad.
▸ Continuar avanzando después de experimentar decepción o fracaso.
▸ Entender el valor de la moderación, del trabajo duro, de la gratificación retrasada y de la compasión.

La línea final es que todos quieren sentirse amados por lo que son en su interior y no por lo que tienen. Todo ser humano anhela una conexión genuina con el mundo y dicha conexión no se puede desarrollar si no se cuenta con tiempo y espacio para florecer.

DEL PROBLEMA A LA SOLUCIÓN
Helen, madre de tres, en Delaware

A la familia de Helen le encantan los aparatitos. Siempre tienen lo último, desde equipos de videojuegos y computadoras, hasta teléfonos celulares y cámaras. Hace unos años toda la familia salió a comer para festejar el cumpleaños de Helen, pero ella estaba distraída con lo que pasaba en la mesa de junto: dos adolescentes se pasaron toda la comida jugando con sus *Game Boys*, y sus padres sentados al lado en silencio. "Me dio tristeza verlos así", dijo Helen. "Era como si todos estuvieran ahí sentados completamente *solos*." Esa imagen se le quedó grabada y decidió poner un alto al tiempo que su familia le dedicaba a los aparatos electrónicos. "Me encontré con una gran resistencia, pero no me di por vencida. Nos gusta mucho estar juntos, ¿por qué entonces no prestarnos más atención mutua?"

A continuación te sugerimos algunas ideas que debes tomar en cuenta cuando consideres comprar objetos para ti, para la casa o para los niños:

▸ ¿Tienes algo que funcione de manera equivalente? Si crees que necesitas otra mesita auxiliar, ¿puedes restaurar una mesa vieja en vez de comprar otra? ¿Por qué no enmarcas algún dibujo bonito de tus hijos, en vez de comprar algo nuevo? Cuando nuestra cultura vuelva a la austeridad y el desperdicio deje de ser tolerado, nuestras normas serán reciclar y volver a usar.

▶ Cuando compres regalos para las amigas, la familia o los niños, enfócate realmente en algo que dure y que sea útil, en vez de un objeto que proporcione placer temporal y pronto acabe en la basura. ¿En realidad, tu amiga necesita otro juego de servilletas o un florero? ¿No motivaría más su pensamiento un libro?

▶ Por cada prenda de ropa que compres para ti o para tus hijos, saca una vieja y regálala. De esta manera recordarás lo que tienes y cuánto pueden beneficiarse otros de lo que tú desechas por rutina.

▶ ¿Podrías ahorrar el dinero que no gastas en pequeñeces adicionales (otro par de zapatos, unas sábanas más bonitas, más baratijas para tus hijos) para usarlo en algo que deje un recuerdo memorable, como salir de viaje un fin de semana con tu familia?

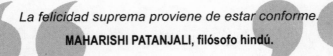

La felicidad suprema proviene de estar conforme.
MAHARISHI PATANJALI, filósofo hindú.

Menos es más: experiméntalo

Si nos detenemos un momento y hacemos un inventario de lo que nos vacía en nuestra vida diaria, podemos optar por eliminar el exceso conscientemente. En este caso, ser egoísta significa definir tus estándares personales (con lo que te sientes cómoda) y mantenerte firme.

Muchas familias se sienten presionadas por comprar cosas, aunque no tengan dinero. En su libro *The Pursuit of Happi-*

ness, David G. Myers comenta que sentirse feliz tiene relación con nuestras experiencias anteriores. "Si tus condiciones actuales aumentan (por ejemplo, ingreso, promedio de calificaciones o prestigio social), sentimos al principio un florecimiento del placer. Después nos adaptamos a este nuevo nivel. . . llegamos a considerarlo normal y necesitamos algo mejor que haga florecer de nuevo el placer", explica.

DEL PROBLEMA A LA SOLUCIÓN
Julie, madre de dos, en Massachusetts

Julie y su esposo, Toby, trabajaron en la industria financiera 15 años antes de que nacieran sus hijos. Ya tenían un pequeño ahorro cuando Julie dejó de trabajar para dedicarse a sus hijos, uno de los cuales tiene un severo retraso en el lenguaje. "Antes de tener hijos salíamos mucho a cenas elegantes, a la ópera y a lo que pudiéramos; yo tenía un traje precioso para cada ocasión", recuerda. Pero poco a poco la atención a un hijo con problemas de desarrollo hizo que Julie y Toby empezaran a cambiar su estilo de vida. El gran placer que derivaban de la acción y el *glamour* lo encontraron entonces quedándose en casa, sin ponerse ropa elegante ni salir a lucirla. "Me interesan mucho más las cosas sencillas, las alegrías y los logros pequeños. Lo curioso es que las cosas que acumulamos en todos esos años de gastadores ya no nos dan la misma satisfacción", dice Julie.

En otras palabras, es una tendencia natural del ser humano querer siempre más, aun cuando sepamos que es instintivo. Caroline, madre de tres, creció en una zona rural de Carolina del Norte: "En mi tierra la gente no tenía ahorros para la universidad, ¡pero siempre tenía el estéreo más moderno!" Ya como una adulta con familia propia, Caroline empezó a entender que "un alma saludable es la clave del éxito, no es ser perfecta ni tener todo lo que quieres."

> *Una mente en paz constituye el capital más preciado.*
> **SWAMI SIVANANDA, monje.**

No cabe duda de que los objetos bellos nos pueden dar alegría. Casi toda mujer siente cierta satisfacción cuando se regala a sí misma algo bonito de vez en cuando, cuando compra a sus hijos el regalo perfecto o encuentra el artículo ideal para que su casa se vea especialmente acogedora. Nadie ha dicho que hagamos votos de pobreza, pero casi todas las madres comentaron que sus vidas adquirieron mayor equilibrio al verse rodeadas de menos objetos.

¿Cuál es tu nivel de confort?

Todas tenemos y necesitamos posesiones. Sin embargo, debemos pensar cómo manejarlas. Se trata de algo muy personal: hay madres que no pueden ser felices a menos de que su casa esté impecable, en tanto que otras se sienten bien con cierto desorden. Lo cierto es que, aunque te la pases limpiando, tu casa no se va a quedar así; media hora después de que termines de arreglar el corredor, uno de los niños pasará con los pies sucios, abandonará un juguete o tirará su chamarra al suelo. A eso se le llama vivir.

DEL PROBLEMA A LA SOLUCIÓN

Ruth, madre de dos, en Pennsylvania

Cada vez que Ruth iba a casa de sus amigas, se le estrujaba el corazón. "¿Cómo pueden mantener sus casas en tal perfección si la mía es un desastre?", se preguntaba. Tanto le pesaba que dejó de ir a otras casas. Se preguntaba que si le resultaba tan molesto, ¿por qué no le ponía remedio? Como trabajaba tiempo completo y aborrecía las labores domésticas, sentía que no podía resolverlo si su esposo y sus hijos no le ayudaban más. Decidió que tener la casa más limpia le parecía más importante que cenar comida comprada casi todas las noches, por lo que contrató a una empleada para que ayudara con la limpieza una vez por semana. "Todavía la casa no está perfecta, pero me di cuenta de que no necesitaba perfección. Sólo necesitaba *menos desorden*", explica.

¿Se puede comparar con algo la alegría de tomar las cosas con calma, con paciencia y serenidad? Todas las demás alegrías provienen de fuentes externas, pero esta felicidad es nuestra verdaderamente.

HAZRAT INAYAT KHAN, maestro sufí.

¿Realmente las madres tienen tiempo y disposición para poner rótulos a los cajones y separar por colores la ropa de sus hijos? Algunas sí, pero en la mayoría de los casos descubrimos que la respuesta sincera es no. Peor todavía, tratar de alcanzar y mantener ese nivel de organización absorbe todo el tiempo libre y puede convertirse en una obsesión. Estas mamás hacen esfuerzos enormes y, sin embargo, sienten que fracasan una y otra vez.

La clave radica en identificar qué nos desgasta en términos personales y darle prioridad a estas áreas. Para sentirse en paz, Connie y su esposo Jerry, que viven en Utah, necesitan que su casa esté limpia, sin tiraderos. Para no volverse locos, hacen una lista de las tareas en que pueden ayudar los tres niños, les asignan labores periódicas y Jerry dedica una mañana de cada fin de semana a limpiar el garage. Para ellos vale la pena el esfuerzo.

Lo que cada quien considera tiradero depende de criterios individuales, pero cuando los objetos son funcionales ni se aprecian, se apilan en espacios demasiado pequeños o bien se encuentran en tal desorden que nadie los localiza cuando se necesitan y forman tiraderos. Decide lo que sientes al respecto y, si te molestan, ¡elimínalos!

Manejar el tiradero

Como la mayoría de las madres, preferirías que tu casa estuviera razonablemente organizada. Nos han enseñado innumerables trucos de los que se valen a diario las mujeres para darse una sensación de calma dentro del caos de la maternidad:

- Sacar tu ropa y la de los niños la noche anterior.
- Vestir a los niños con ropa limpia cuando se van a dormir, la cual puedan usar el día siguiente. (Y funciona, ¡como si fuera un sueño!)
- Hacer el lunch de los niños y pedirles que dejen listas sus mochilas antes de irse a la cama.
- Dejar limpia la cocina en la noche para que al despertar te sientas contenta de levantarte a hacer el desayuno.
- Programar la cafetera para despertarte con el aroma del café recién hecho.
- Enseñarles a los niños a hacerse el desayuno y a recoger sus platos, y que revisen su calendario de actividades antes de irse a dormir para saber qué les espera al día siguiente.
- Guardar los trabajos escolares o "tesoros" en cubetas de plástico para encontrarlos fácilmente al terminar el año escolar.
- Sacar la correspondencia de los sobres y, en cuanto llega, tirar todo lo innecesario y la propaganda.
- Tener un área en la cocina para archivar papeles, otra para invitaciones y otra para avisos que hay que atender.
- Borrar o archivar los correos electrónicos diario.
- Atender todo mensaje telefónico en cuanto lo escuches.

KATRIN HACE LAS PACES CON EL CLAVADISTA DE LA BASURA

"Cuando conocí a Kevin, yo era un desastre. Mi habitación, en un departamento en el sótano que compartía con mis mejores amigas, era un reflejo de mi alma: carteles pegados en cada centímetro cuadrado de las paredes, el suelo tapizado de ropa, alteros de libros por todos lados y papeles amontonados sobre mi diminuto escritorio. No teníamos aspiradora. Kevin estaba fascinado: por fin había conocido a su alma gemela.

De recién casados vivimos en el sótano de la casa de mis padres en Londres. Por suerte, ellos casi no veían nuestro desorden, porque con todo lo que había tirado en el suelo era muy difícil abrir la puerta del cuarto. Pero poco a poco empezaron a cambiar mis hábitos. Cuando estudiábamos la maestría, compré nuestra primera aspiradora y puse menos carteles en la pared. Los alteros se hicieron más pequeños. El piso se veía más limpio.

El problema fue que Kevin no cambió conmigo. Seguía siendo el máximo clavadista del basurero. ¿Qué es un clavadista del basurero?, se preguntarán. Es alguien que recoge los tesoros que otros tiran. En esos tesoros puede haber una máscara de madera, una silla rota, las obras completas de Shakespeare encuadernadas en piel y con grabados, un estuche de manicure japonés de 1950, una cabeza de jabalí, el retrato enmarcado de un pirata, un colgador roto (éstos son sólo unos cuantos de los objetos que Kevin ha recogido en los últimos 20 años).

La belleza de estos objetos se encuentra en los ojos del observador. Una vez que dejamos de recorrer el país (arrastrando infinidad de cajas de basura) y nos establecimos, llegó el momento de la decoración.

'¿Comprar cosas?', preguntó Kevin incrédulo. '¿Para qué vamos a comprar?, si se pueden encontrar gratis todo tipo de tesoros y muchísimas cosas útiles?'

Me volví loca un tiempo. Quería algo de orden dentro del caos. Cuando me visitó una amiga decoradora y vio algunas de las cosas que teníamos en las repisas, me dijo: Mis clientes pagan precios muy altos para que les encuentre este tipo de cosas. Siempre me había gustado el colorido y el aspecto de los objetos que parecían puestos con descuido en nuestra casa, hasta que empecé a sentir que no tenía suficiente presencia adulta. Ahora pienso que es necesario ser adulto. Por lo menos está siempre limpio el piso."

Para muchas madres, reconocer sus intenciones basta para liberar algo de presión. A Marnie, madre de cuatro, en California, le gusta hacer grandes listas de mejoras detalladas para la casa. "Ni siquiera es necesario lograr todo lo que aparece en la lista, pero poner todo por escrito me hace darme cuenta de que nada es muy urgente", admite.

Es fácil engancharse en cómo otras madres manejan su vida. Sentimos envidia de sus casas o de lo que poseen, o quizá nos da celos la facilidad con que hacen malabares. La inseguridad llega cuando el trabajo es gigante. A veces nos da la impresión de que las otras mamás hacen sus cosas por arte de magia: tienen la casa en orden, unos niños maravillosos y, por si fuera poco, son felices.

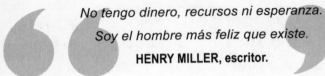

No tengo dinero, recursos ni esperanza.
Soy el hombre más feliz que existe.
HENRY MILLER, escritor.

Algunas veces esto es verdad pero, en general, es ilusión. ¡Nadie, nadie es perfecto! Es un gran alivio acallar esas voces, dejar de preocuparnos por lo que piensan los demás y enfocarnos en nuestro nivel personal de comodidad. Una vez logrado lo anterior, hay que empezar a actuar. Quizá la buhardilla o el sótano sean la causa de tus pesadillas, o el montón de artículos deportivos que metiste a fuerza en el pequeño pasillo de la entrada. Igual que con cualquier tarea, dar un pequeño paso a la vez te acercará siempre a la meta.

La vida es muy simple, pero los hombres insisten en
volverla complicada.
CONFUCIO, filósofo chino.

También es importante trabajar con tus hijos y con tu esposo en cuanto a tu nivel de tolerancia. Las madres con las que hablamos intentaron todo tipo de cosas para facilitarse un poco el estira y afloja, y éstas son las cuatro lecciones principales que aprendieron:

DEL PROBLEMA A LA SOLUCIÓN

Chantal, madre de dos, en Francia

Chantal, madrastra de un adolescente y madre de un niño que está a la mitad de la primaria, dice que su gran enemigo es el teléfono. "¡Me pone de malas que suene todo el tiempo!", se queja. Aunque no llaman muchas personas de ventas por teléfono, el simple hecho de que suene por la tarde cuando regresa del trabajo, basta para ponerla de mal humor. Lo que hace ahora es poner en silencio el timbre y ver los mensajes constantemente. "Todas mis amigas saben que deben hablarme en la mañana si es urgente. Sin interrupciones, el departamento me parece mucho más pacífico."

▸ Renunciar a la perfección hace todo mucho más fácil; después de todo, la vida es un trabajo continuo.

▸ Insistir en que tu pareja haga todo a tu manera es una situación de no ganar. Si puedes ceder un centímetro, él cederá otro. El acuerdo es el único camino.

▸ Señalar con detalle sólo algunas cosas que te vuelven loca es crucial. Explica y demuestra mediante tus actos lo feliz que te hace que las cosas estén en orden. Sé honesta contigo misma en cuanto a lo que te molesta de tu pareja: ¿se trata realmente de que haya tirado la toalla al suelo o te enoja que no te demuestre su afecto todos los días?

▸ Organizar y deshacer los montones es un regalo para ti misma y lo mejor realizarlo de acuerdo con tus estándares, no para impresionar a la vecina o a la suegra. Se trata de tu vida y de tu casa.

DEL PROBLEMA A LA SOLUCIÓN

Natalie, madre de tres, en Arizona

En el campo de béisbol durante un juego de su hijo, al recoger a los niños de la escuela o en la junta de la asociación de padres y maestros en casa de otra mamá, Natalie siempre se sentía desmoralizada por las conversaciones que escuchaba. Le parecía que todos estaban tan conectados entre sí, que eran tan capaces y que tenían mucha energía y ocupaciones. Cuando se quejó con su esposo de que esta sensación constante en su vida la hacía sentirse incompetente y floja, él le simplificó las cosas. "Me preguntó: ¿Esa es tu percepción o es la realidad? Me di cuenta de que lo que hago está bien. Es mi interpretación la que hace que me sienta mal, y no que esté haciendo algo equivocado", admite.

¿Por qué a las mujeres nos gusta tanto hacer limpieza en primavera (o por lo menos el desastre que implica)? Porque quitar el polvo y lo que no sirve de nuestras vidas nos hace sentir más libres y con mayor control. Ya que hacemos las paces con la manera en que manejamos la casa (tanto los objetos como el calendario familiar), podemos experimentar las cosas realmente importantes de la vida: gozar de nuestro entorno, estar presentes de lleno con las personas que amamos, realizar actividades interesantes y valiosas con nuestro tiempo y divertirnos entre todo esto.

> *Los occidentales queremos que las personas de los países pobres vivan como nosotros. Nos da lástima el nómada tan azotado por la pobreza. No hemos podido entender que esa vida puede ser más satisfactoria que la nuestra.*
> **ROBERT THEOBALD, economista.**

CONSEJOS DESDE LA TRINCHERA

▸ **Mantente firme.** Una forma de empezar a ser más egoísta es aprender a mantenerte firme contigo misma. Cuando tomes una decisión sobre algo: "No, no te vamos a comprar el videojuego" o "Sí, tienes que cumplir con tu compromiso en el ballet", no lo dudes. Sé fuerte en tus convicciones. Trata de ser comprensiva, pero firme: "Ya sé que sientes frustración, yo también me he sentido así. Pero ya lo decidí y, por favor, no me vuelvas a preguntar". Tal vez tengas que repetir lo mismo varias veces y está bien.

▸ **Da tu tiempo como regalo.** Considera regalar tu tiempo en vez de algo material. Con los niños, salir de picnic o ir a un museo. Con los adultos, ¿por qué no invitar a los amigos a tomar una copa de vino a casa una noche? Claro que nos sentimos de maravilla cuando encontramos el regalo perfecto para alguien y vemos la alegría en su cara. Pero, ¿qué tan seguido compras un regalo por obligación y no porque dará una verdadera alegría? A veces, los objetos que damos pueden convertirse en cargas, y en cambio nuestro tiempo siempre se aprecia.

▸ **Pon orden sin piedad.** Cuando se trate de seleccionar lo que hay detrás de las puertas cerradas, hazlo periódicamente y sin piedad. Te sentirás de maravilla. Cada estación del año que pase regala a los necesitados la ropa o los zapatos que no se hayan usado en un año o dos. Compra unos ganchos bonitos y algunos sachets con aroma atractivo. Vuelve a doblar y a colgar. La clave es ser consistente: revisa todo, incluyendo los clósets de los niños, por lo menos dos veces al año.

▸ **Tómate un descanso del supermercado.** Es fácil que la despensa, las repisas de la cocina y los refrigeradores se salgan de control: si tienes un paquete de harina desde hace tres años, una esencia de vainilla desde hace diez, galletas rancias, salsas viejas y pollo congelado inservible, cada tres o cuatro meses deja de comprar comida durante una semana o diez días. Fuérzate a comer sólo lo que haya en la casa. Para esto se requiere verdadera perseverancia (no compres fruta fresca ni vegetales ni alimentos preparados). Te sorprenderá la cantidad de comida que encuentras escondida en la profundidad de la alacena y por fin tirarás todas las cosas que jamás se van a comer.

▸ **Usa sólo un calendario maestro portátil.** Es esencial contar con un solo lugar dónde anotar todos tus compromisos. Te sorprendería saber cuántas mujeres de nuestros grupos tenían un calendario junto al teléfono, otro en la bolsa y una lista de asuntos pendientes en su escritorio. Coordinar más de un libro de citas conduce al fracaso. Es fácil encontrar un calendario mediano, que quepa en tu bolsa de mano o en la de la computadora, donde escribas todo lo que tengas que hacer y recordar. A varias mujeres les gusta la agenda electrónica, pero muchísimas otras prefieren el método antiguo. Cuando ven todo el mes en una página doble siempre saben a dónde van.

▸ **Sé eficaz con los pagos molestos.** Con excepción de las madres sumamente organizadas, la mayoría se queja del manejo de los documentos de la familia. Muchas lo posponen hasta que el altero se vuelve inmanejable. Si pides que las cuentas se paguen por medio del banco puedes ahorrarte muchísimo tiempo, al igual que si recurres a los sistemas de pago automático de gastos periódicos fijos, como las letras del crédito del coche, los seguros y la hipoteca. Deshazte de todas las facturas y notas que puedas. El tiempo que inviertas al principio en poner todo en orden te ahorrará a la larga horas enteras. (Aunque hay otra solución más rápida: ¡mejor que lo haga tu esposo!)

▸ **Forma un archivo para cada hijo.** Compra una carpeta de tres pulgadas y tres aros para cada hijo. Rotula secciones con lo siguiente: actas de nacimiento y pasaportes, calificaciones de la escuela, comentarios escritos de maestros o especialistas, copias de correos electrónicos o correspondencia importante e información médica (como análisis, exámenes anuales, recetas del optometrista). Archiva la información más reciente al frente. Otro tipo de documentos y aquellos que caducan en fechas próximas, como información de campamentos de verano y actividades, colócalos en una charola abierta.

▸ **Experimenta retrasar tus gratificaciones.** La próxima vez que tengas que comprar algo (por ejemplo, sábanas, calcetines, muebles, un libro), pospónlo. Espera un día, luego otro. Si eres muy valiente, espera toda una semana. Con frecuencia, al terminar la semana te darás cuenta de que en realidad no necesitas ni quieres comprar ese objeto. El hecho de que te percates de que no hay que sucumbir al impulso de comprar, te fortalece.

▸ **Analiza *por qué*, no sólo *qué*.** Cada vez que pienses en algo que deseas para ti misma, tu casa o tus hijos, hazte estas cuatro preguntas:

1. ¿Lo necesito o es opcional?
2. ¿Puedo volver a usar (pedir prestado o heredar) algo en vez de comprar eso?
3. ¿Me hará feliz o mejorará mi calidad de vida? No olvides que lo que te hace feliz a corto plazo puede terminar por hacerte infeliz a la larga, cuando tengas que pensar dónde lo pones o cómo deshacerte de ello.
4. ¿Tengo dinero para pagarlo en este momento? Si cuesta trabajo pagarlo, es muy probable que sume estrés a tu vida.

▸ **Sé radical.** A veces nos refresca hacer algo radical y hasta estremecedor. Si los montones de cosas en tu casa van ganando la batalla o estás repleta de cuentas por pagar, considera un plazo moratorio en toda nueva adquisición. Puede ser de una semana, un mes o un año. Existen grupos por todo Estados Unidos que experimentan el enfoque minimalista y han descubierto la libertad que éste conlleva. Hacer esto es difícil pero ningún otro método te enseñará más rápido los beneficios de la sencillez, la cual trae consigo recompensas implícitas: dinero, tiempo, claridad y un sentido completamente nuevo de propósito.

¡PUSE EN PRÁCTICA LOS CONSEJOS!

Henrietta, madre de tres, en Texas

"Al principio pensé que esta idea de no ir a comprar comida era una locura, pero decidí probarla una vez. Mi despensa estaba llena hasta el tope de toda clase de salsas y condimentos que jamás uso, así que me dispuse a probarlos todos. Bueno, después de casi dos semanas, habían pasado por mis manos cajas añejas de pastas y varias comidas congeladas misteriosas. Decidí no volver a comprar comida preparada ni salsas embotelladas. Y de pronto mi despensa quedó limpia y bien ordenada, ¡no retacada y desagradable!"

9

¡SE SUPONE QUE HAY QUE DIVERTIRSE!

De ser niña buena, a romper algunas reglas

¿**R**ecuerdas lo emocionante que era romper las reglas cuando eras niña? A veces te asustaba, pero casi siempre era pura diversión. Luego creciste y empezaste a poner reglas. Toda tu infancia estuviste en espera de esta libertad; y, ahora que la tienes, ¿la usas? De algún modo, poner reglas acabó con lo divertido de romperlas. Al principio te sentías bien siendo virtuosa, y divertirte era algo que hacías sólo cuando te alejabas de la vida real, de lo cotidiano.

Deberíamos considerar perdido cada día en el que no bailamos por lo menos una vez, y deberíamos decir que es falsa toda verdad que no estuvo acompañada por lo menos de una carcajada.
FRIEDRICH NIETZSCHE, filósofo.

Todas sabemos que el papel de los padres es un asunto serio. A veces resulta difícil creer la ligereza con que asumimos esta enorme responsabilidad y nos preocupa hacerlo bien. Todo lo que hagamos o dejemos de hacer parece llevar una carga de desastre potencial. Maura, madre de dos, en Nueva York, confesó que casi no podía dormir durante los primeros años de la vida de sus hijas. Sentía una ansiedad excesiva por la seguridad. Steven Levitt, autor de Freakonomics, dice: "El miedo es uno de los componentes principales de la responsabilidad de ser padres. Nadie es más susceptible que un padre frente a un experto en despertar miedo". Y aunque es correcto vigilar y tomar en serio el papel de ser padres, también es crucial restarle importancia a los problemas menores, nadar con la corriente y reírse de vez en cuando. Nos reímos muchísimo en nuestros grupos focales con algunas de las historias de las mamás sobre el "buen" problema que se buscaron al soltarse el pelo.

Divertirte con tus hijos

Como adultos y padres quizá nos sintamos hechos del todo pero reírnos sin control de las hilarantes reflexiones espontáneas de los chicos, verlos rodar por una ladera pasando junto a un niñito que se tambalea o ver que tu hijo o tu hija se enamoran, te hará sentir que tu espíritu se llena de juventud y que los años retroceden y nos colman de energía renovada. Cuando llueve, Tricia, madre de dos, en California, a veces sale con sus hijos a saltar en el trampolín: "Puede que sea una tontería infantil, ¡pero cómo me divierto!"

Con su sola presencia, los hijos nos dan el mejor regalo que existe, al recordarnos cómo se ve la vida con una mirada fresca y sin recelo: que la hierba parezca un verdadero ramo de hermosas flores amarillas, contemplar el brillo del horizonte luego de una lluvia torrencial, vivir la alegría de encontrar un objeto amado bajo la cama o emocionarse con un perro sucio y apestoso que para ellos es magia pura.

DEL PROBLEMA A LA SOLUCIÓN

Sadie, madre de cinco, en Massachusetts

La gente le hace bromas a Sadie todo el tiempo por su prole, dando por sentado que maneja su casa como al Cuerpo de Marinos de Estados Unidos. Y así es. Las cosas son terribles con tanto deporte y tareas escolares y las esporádicas noches de salir sin los niños, y en efecto Sadie se parece un poco a un sargento autoritario. Pero lo mejor de tener familia grande, según Sadie, son los concursos de baile: "Gritamos de alegría por el gran momento, con disfraces, grandes peinados y diamantina. ¡Hasta los hombres! Empieza la música y cada uno (incluso Ted, de dos años) tiene cinco minutos de estrellato. Siempre acabamos tirados de risa en el suelo por nuestras tonterías. Es la gran liberación".

> *Si dudas, búrlate de ti mismo. Hay una línea microscópicamente fina entre ser brillantemente creativo y actuar como el idiota más grande de la tierra. ¡Qué más da!*
> **CYNTHIA HEIMEL, escritora.**

DEL PROBLEMA A LA SOLUCIÓN

Claire, madre de dos, en California

Claire y su esposo, Tony, pasaron malos ratos cuando los niños llegaron a la adolescencia. Los chicos casi siempre estaban fuera y el ambiente en casa generalmente se sentía tenso. Cuando la madre de Tony les regaló dos bicicletas por su aniversario de bodas, él y Claire empezaron a irse juntos de paseo en las mañanas. "Jugamos carreras y hay premios y castigos para el que gana o pierde. Siempre son tonterías como un masaje en la espalda, un ramo de flores o unas nalgadas. Volvemos a actuar como niños y, ¡cómo nos divertimos!"

Una de las mayores satisfacciones de tener hijos es divertirse con ellos. A veces hay que fijarse en sus caritas para recordar lo que significa divertirse. A continuación enlistamos unas cuantas tonterías anticuadas que las madres compartieron con nosotras:

▸ Nadar desnudas en la alberca de la vecina.

▸ Emocionarse con la música camino a casa en el coche después de una fiesta familiar y terminar bailando en el garage.

▸ Hacer un simulacro de incendio en un alto: todos se bajan del coche, le dan la vuelta corriendo y se cambian de asiento.

▸ Jugar "dígalo con mímica" grandes y chicos.

▸ Dejar que un niño se siente en las piernas del que maneja y tome el volante. Cuidado: los estacionamientos y las calles cerradas pueden ser un poco más seguros que la carretera.

- Ir a la playa cuando está lloviendo a cántaros: quitarse los zapatos, echarse a correr y volver empapados a casa.
- Hacer un combate con una pistola de agua o con globos llenos de agua.
- Hacer payasadas cuando tus hijos tienen invitados (apenarlos un poco); en el fondo les gusta.
- Jugar a las escondidas (y esconderse de verdad).
- Hacer un concurso de ula ula: te sorprenderá el movimiento de sus caderitas.

> *Me gusta el trabajo, me fascina. Puedo sentarme y admirarlo por horas.*
> **JEROME K. JEROME, escritor.**

Divertirte con tu hombre

Y ahora, ¿nuestros pobrecitos y estresados esposos? La mayoría de ellos lleva sobre sus espaldas cargas tan pesadas como nosotras. Sin embargo, tienen una manera diferente de expresarlo. En vez de pasar el tiempo libre con tu pareja revisando las cuentas de la tarjeta de crédito o hablando de las boletas de tu hijo, intenta soltar una buena carcajada. Irene, de Vermont, confiesa que se siente más positiva acerca del futuro cuando ella y su esposo tienen lágrimas en los ojos de reírse juntos por algo. "No pasa seguido, pero cuando pasa, ¡es mágico!". Éstas son algunas ideas tontas que hemos escuchado:

▸ Dar vueltas por la ciudad en un patín del diablo rentado: suéltate el pelo y siente el viento.

▸ Hacer el amor en cada cuarto de la casa; puede ser que la superficie de algunos muebles esté dura, pero es divertido de todas maneras.

▸ Ir a una playa nudista (seguramente te vas a reír).

▸ Tomarse de la mano mientras gritan de terror en la montaña rusa.

▸ Bailar hasta el amanecer y terminar sudando.

▸ Rentar un cuarto de hotel y no salir de ahí en 24 horas.

▸ Retarse en un partido de mini golf.

▸ Hacer un picnic con pan y queso al lado del río.

▸ Jugar poker de striptease, y dejar atrás los complejos (después de todo, ¡nadie es perfecto!).

▸ Alocarse en un concierto de rock al aire libre.

▸ Ir a una fiesta, olvidarse de la niñera y divertirse como adolescentes.

Tu propia manera de divertirte

Todos pasamos mucho tiempo tratando de ser "niñas buenas" y haciendo lo que está bien. Pero en ocasiones es bueno ser mala. Después de todo, ¡sólo somos seres humanos! Cada vez más, los padres se comportan como cuando eran adolescentes pero a la inversa: esconden sus vicios de los hijos como antes lo hacían de sus padres. Como si dejar ver una pequeña grieta de su armadura hermética les causara escándalo a los niños. Pero en verdad, como les decimos a nuestros hijos todo el tiempo, en la vida se trata de ser moderado y de conocer los límites personales.

> *El descanso y la risa son los actos más espirituales y subversivos de todos. Ríe, descansa, baja el ritmo.*
> **ANNE LAMOTT, escritora.**

Si en ocasiones romper las reglas puede ser divertido, también pueden serlo los pequeños placeres que no vemos porque pensamos que ya estamos muy grandes para ellos. ¿Algo de lo siguiente te hace reír? Es lo que escuchamos todas en nuestras charlas:

- Comprar y ponerse unos zapatos rosas de tacón.
- Alocarte con tu canción favorita en la radio del coche, y acelerar a fondo.
- Ver un programa bobo tras otro en televisión, mientras tomas vino rodeada de cojines en la cama.
- Comprar tu helado favorito y comértelo todo, ¡sin culpa!
- Reunir a tus amigas y jugar cartas mientras toman cocteles.
- Tener sexo mientras los niños están abajo.
- Ponerte la blusa que es un poco atrevida o ese bonito vestido que te queda un poco apretado, ¡atrévete!
- Regalarte un masaje en todo el cuerpo.
- A menos que seas adicta, fumarte un solo cigarro o tomarte un martini, ¡no te va a matar!
- ¡Tampoco te hace daño una vuelta en motocicleta!

DEL PROBLEMA A LA SOLUCIÓN

Emma, madre de tres, en New Hampshire

Emma puede escaparse con sus amigas cuando su esposo lleva a los niños a casa de su mamá. Ella y sus amigas se amontonan en el cuarto de un motel con vista a la playa, armadas con una hielera llena de cosas. Alguna de ellas siempre llega con una bolsa llena de artículos de belleza que compró en la farmacia: "Nos sentamos a platicar hasta el cansancio, arreglándonos las uñas y embarrándonos de crema. ¡Me siento como de 13 años, pero sin la angustia!", nos comentó.

Dejémoslo claro: ser mártir no es divertido. De vez en cuando nos deberíamos cumplir un capricho, olvidarnos de prejuicios y hacer payasadas. Mientras no pongamos en riesgo a nuestros hijos o a nosotras, necesitamos liberarnos de las ataduras cada cierto tiempo. Lo que haces y dices muestra a tus hijos cómo divertirse, cómo amar a alguien con pasión, cómo relajarse a veces, como pelear sin ser cruel, cuándo ponerle fin y cómo ser honesta.

Y si podemos aprender a no tomarnos tan en serio, a reírnos con los demás (y algunas veces de nosotras mismas), la vida de madre será menos estresante y mucho más divertida.

Miles de veladoras pueden prenderse de una sola vela, y no se acortará la vida de la vela. La felicidad nunca disminuye por compartirla.

EL SUTTA NIPATA, antiguos discursos budistas.

Hasta las mamás merecen descanso

Tú quieres lo mejor para tus hijos y nosotras también, aunque seamos quienes decimos que ser egoístas no siempre es malo. Lo que aprendimos a lo largo de los años ha cambiado nuestras vidas y las vidas de quienes queremos para mejorarlas: esto es, ser un poco egoístas.

Cuando estamos contentas y plenas, nuestros hijos se sienten con más recursos y aprecian todo mejor y nuestros esposos están menos molestos. Cuando nos tomamos descansos, todo lo que parece locura y desorden encuentra su lugar y la vida está mucho más equilibrada. Nuestros hijos lo notan. Nuestros esposos se sienten más felices. ¡Hay energía positiva por todos lados!

El resultado final de todas las opciones que puedes elegir (y de las acciones que lleves a cabo con base en estas alternativas) es que puedes empezar a vivir con más autenticidad. ¿Qué tal se siente sacudirte la preocupación de lo que piensen los demás por tu labor de madre, tu casa y tus hijos? A la larga, si eres una madre segura y satisfecha, todos estarán más felices.

Asumir la responsabilidad de tu propia felicidad estableciendo tus propios estándares y trabajar para cumplirlos, te ayudará a encontrar algo que agradecer día con día. Si puedes hallar auténtica felicidad en los ritmos sencillos de la vida, entender y respetar tus necesidades, valorar a los que amas y disfrutar la paz de tu hogar, serás capaz de encontrar una mayor dicha en la maternidad.

REFERENCIAS

1
El cambio de actitud

Allen, Jon, Ph. D., "Aiming Too High May Miss the Mark", en *Perspective*, núm. 3, http://www.menningerclinic.com/resources/prospective_magazine/3_2003.htm, 2003.

National Center on Drug Adiction and Substance Abuse at Columbia University, "Family Matters: Substance Abuse and the American Family, A Casa White Paper", en http://www.casacolumbia.org/Absolutenm/articlefiles/380-family_matters_report.pdf, 2005.

Richardson, Cerril, *Take Time for Your Life: A Seven Step Program for Creating the Life you Want*, Nueva York, Broadway Books, 1998.

University of Texas, "Perfectionism: A Double-Edged Sword", en http://www.utexas.edu/student/cmhc/booklet/perfection/perfect/html, 2004.

U.S. Department of Labor, "Change in Employment by Major Occupation and Sex, 2005-2006", MLR: The Editor's Desk, en http://www.stats.bls.gov/opub/ted/2007/june/wk2/art02.htm.

2
El poder de la conciencia de uno mismo

Adams Douglas, *The Hitchhiker's Guide to the Galaxy*, San Francisco, Del Ray, 1995.

Brenner, Helene, *Dr. I Know I'm in There Somewhere: A Woman's Guide to Finding Her Voice and Living a Life of Authenticity*. Nueva York, Gotham Books, 2003.

Cameron, Julia, *The Artist's Way: A Spiritual Path to Higher Creativity*, Nueva York, Tarcher, 1992.

Chopra, Deepak, *The Deeper Wound: Recovering the Soul from Fear and Suffering, 100 Days of Healing*, Nueva York, Harmony Books, 2001.

Grupp-Phelan, J., R. C. Witaker, y A. B. Naish, "Depression in Mothers Presenting for Emergency and Primary Care: Impact on Mother's Perceptions of Caring for Their Children", Ambulatory Pediatrics vol. 3, núm. 3 (mayo, 2003): 142-146.

Kabat-Zinn, J., Z. Segal, J. Teasdale, y M. William, *The Mindful Way Trough Depression: Freeing Yourself from Chronic Unhappiness*, Nueva York: Guilford Press, 2007.

Kriegel, Robert, *Sacred Cows Make the Best Burgers: Developing Change-Ready People and Organizations*, Nueva York, Warner Books, 1996.

PRNewswire, News an Information, "Problems at the Top—Apathy Contempt for Managers". (21 de enero, 2005) http://www.pr-newswire.com/cgi-bin/stories.pl?ACCT?109&STORY=/www/story/01-21-2005/0002869774.

Proctor, Charlene, Dr., *Let Your Goddess Grow: 7 Spiritual Lessons on Female Power and Positive Thinking*, Birmingham, The Goddess Network Press, 2005.

3
La importancia del aquí y el ahora

Bianchi, Suzanne M., John P. Robinson y Melissa A. Milkie, *Changing Rhytms of American Family Life*, Nueva York, Rose Series in Sociology, Russell Sage Foundation Publications, 2006.

Dux, Paul E., Jason Ivanoff, Christopher L. Asplund, y René Marois, "Isolation of a Central Bottleneck of Information Processing with Time Resolves fMRI", en *Neuron*, vol. 52, 2006, pp. 1109-1120.

Oz, Mehmet, Dr., "Here's to Your Health!", en *O, The Oprah Magazine*, enero, 2003, pp. 129-36.

Roberts, Donald F., Ulla G. Foehr, y Victoria Rideout. "Generation M: Media in the Lives of 8-18 year olds", en *The Henry J. Kaiser Family Foundation Study*, 7251, 2005: pp. 9-35.

Stein, Joel, "Just Say Om", en *Time*, http://www.time.com/time/magazine/article/0,9171,1005349,00.html, 27 de julio, 2003.

Wallis, Claudia, "Are Kids Too Wired for Their Own Good?", en Time http://www.time.com/time/magazine/article/0,9171,1173991-4,00.html, 19 de marzo, 2006.

4
El valor de un momento tranquilo

ABC News, "Work, Worry and Accomplishment Define Mothering in America, 2006", en Good Morning America/Good Housekeeping Poll, http://www.abcnews.go.co.images/Politics/1006a1Motherhood.pdf, 2006.

Cameron, Julia, *The Artist's Way: A Spiritual Path to Higher Creativity*, Nueva York, Tarcher, 1992.

Consumer Reports, "Sleeping Pills: Are They Worth the Risks?", http://www.consumerreports.org/cro/health-fitness/drugs-supplements/sleeping-pills-9-06/overviw/0609_sleep-pills_ov.htm?resultPageIndex=1&resultIndex=1&searchTerm&September%202006%20sleeping%pills, 2006.

National Institute of Neurological Disorders and Stroke, "Brain Basics: Understanding Sleep", http://www.ninds.nih.gov/disorders/brain-basics/understanding_sleep.html, 2007.

5
El nexo amoroso con tu pareja

ABC News, "Poll: American Sex Survey, A Peek Beneath the Sheets", Primetime Live, en http://abcnews.go.com/Primetime/PollVault/story?id=156921&page=1, 2004.

Blanchflower, David G., y Andrew J. Oswald, "Money, Sex and Happiness: An Empirical Study", National Bureau of Economics Research Working Paper núm. 10499, JEL núm. I1,J3 http://www.dartmouth.edu/~blnchflr/papers/w10499.pdf, mayo, 2004.

Fields, J., "America's Families and Living Arrangements: 2003", en *Current Population Reports*, U.S. Census Bureau, 2004, 7.

Gottman, Dr. John, University of Washington Department of Psychology, http://www.gottman.com.

Laumann, E., A. Paik, D. Glasser, J. Kang, T. Wang, B. Levinson, E. Moreira, Jr., A. Nicolosi, y C. Gingell, "A Cross-National Study of Subjective Sexual Well-Being Among Older Women and Men: Findings from the Global Study of Sexual Attitudes and Behaviors", en *Archives of Sexual Behavior*, http://www.accessmylibrary.com/coms2summary_0286-30172387_ITM, 2006.

Newsweek Online, "No Sex Please, We're Married: Are Stress, Kids and Work Killing Romance?", en http://www.prnewswire.com/cgi-bin/micro_stories.pl?ACCT=617800&TICK=NEWS&STORY=/www/story/06-22-2003/0001969545&plainNews=&EDAT=Jun+22,+2003, 22 de junio, 2003.

Park, Alice, "Sexual Healing", en *Time*, http://www.time.com/time/magazine/article/0,9171,993150,00.html, 12 de enero, 2004.

Popenoe, D., y B. Dafoe Whitehead, "The Sate of Our Unions: Social Indicators of Marital Health and Well-Being", en *The National Marriage Project*, Rutger's University, 2005, pp. 17-31.

Real, Terrence, *How Can I Get Through to You? Closing the Intimacy Gap Between Men and Women*, Nueva York, Fireside, 2002.

Seligman, M., *Authentic Happines: Using the New Positive Psychology to Realize Your Potential for Lasting Fulfillment*, Nueva York, Simon & Schuster, 2002.

Weiner-Davis, Michelle, *The Sex-Starved Marriage: A Couple's Guide to Boosting Their Marriage Libido*, Nueva York, Simon & Schuster, 2003.

6
La necesidad de lograr

Cacioppo, J. T., *et al.*, *Psychosomatic Medicine*, vol. 64, núm. 3, 2002, pp. 407-417.

Seligman, M., *Authentic Happiness: Using the New Positive Psychology to Realize Your Potential for Lasting Fulfillment*, Nueva York, Simon & Schuster, 2002.

Taylor, S., L. Klein, B. Lewis, T. Gruenewald, R. Gurung, y J. Updegraff, "Female Responses to Stress: Tend and Befriend, Not Fight or Flight", en *Psychology Review*, 107, 2000, pp. 411-429.

Wallis, Claudia, "The New Science of Happiness, What Makes the Human Heart Sing?", en *Time*, http://www.time.com/time/magazine/article/0,9171,1015832,00.html, 8 de enero, 2005.

7
La importancia del cuidado personal

American Cancer Society, http://www.cancer.org.

American Heart Association, http://www.americanheart.org.

Kessler, R.C., *et al.*, "The Epidemiology of Major Depressive Disorder: Results from the National Comorbidity Survey Replication", en *Journal of the American Medical Association*, vol. 289, núm. 2.3, 2003, pp. 3095-3105.

Mason, J. E., *et al.*, "A Prospective Study of Walking as Compared with Vigorous Exercise in Prevention of Coronary Disease in Women", en *New England Journal of Medicine*, vol. 341, 1999, pp. 650-658.

National Institute of Neurological Disorders and Stroke, "Brain Basics: Understanding Sleep", en http://www.ninds.nih.gov./disorders/brain_basics/understanding_sleep.htm, 2007.

National Sleep Foundation, "Stressed-Out American Women Have No Time for Sleep: Stay-at-Home Mothers Most Likely to Sleep Poorly", en http://www.sleepfoundation.org/site/apps/nl/content2.asp?c=huIXKjM0IxF&b=2434067&ct&3618771, 2007.

Pleis, J.R., y M. Lethbridge-Cejku, "Summary Health Statistics for U.S. Adults: National Health Interview Survey, 2005", *National Center for Health Statistics: Vital Health Stat*, serie 10, núm. 232 (2006). pp. 232.

Wyn, R., y V. Ojeda, "Women, Work and Family Health: A Balancing Act", en *The Henry J. Kaiser Family Foundation Issue Brief*, 3336, 2003.

8
El poder del menos

Gannon, Suzanne, *New York Times*, 8 de marzo, 2007.

Levine Madeline, *The Price of Privilege: How Parental Pressure and Material Advantage Are Creating a Generation of Disconnected and Unhappy Kids*, Nueva York, Harper Collins, 2006.

Myers, David G., *The Pursuit of Happiness: Discovering the Pathway to Fullfillment*, Well-Being and Enduring Personal Joy, Nueva York, Avon Book Series, 1996.

Pennington, Hill, "Doctors See a Big Rise in Injuries as Young Athletes Train Nonstop", en *New York Times*, 22 de febrero, 2005.

Young, Susan, "Toy Story: The Educational Toy Market Teaches Serious Lessons About Competition", en *Harvard Business School Review*, vol. 80, núm. 1, 2007.

9
¡Se supone que hay que divertirse!

Levitt, Steven D. y Stephen J. Dubner., *Freakonomics: A Rogue Economist Explores the Hidden Side of Everything*, Nueva York, William Morrow, 2006.

Este libro terminó de imprimirse en octubre de 2008 en Impresora y encuadernadora Nuevo Milenio, S. A. de C. V., San Juan de Dios núm. 451, Col. Prados Coapa 3a. sección, c, p. 14357, Tlalpan, México, D. F.